CD付き

こころとからだを育む

1〜5歳のたのしい リトミック

NPO法人リトミック研究センター会長
神原雅之 監修

ナツメ社

はじめに

　本書は、初めて「子どものリトミック」を実践しようと思われている方のために書いた本です。どうぞ、あなたの好きなところから始めてみましょう。

　リトミックは、エミール・ジャック＝ダルクローズ(1865-1950、スイス)によって創案された、音楽による音楽を学ぶための方法です。リトミックの最大の特徴は、耳のセンスを獲得するために、身体の動きを伴うという点です。現在では、音楽教育に限らず、演劇、舞踏、障害児(者)や子どもの教育現場、そして高齢者を対象とした実践にまで応用されています。

　リトミックを実践しようとするときの大切なポイントを挙げてみました。

　第一は、音楽のうねりにのり、音楽と体の動きが一致・調和したときの快感を味わうことです。体の動きは、音楽をみえるようにし、音楽の特徴を際立たせてくれます。

　第二は、いま備えているスキルを生かすことです。特に、子どもは自分のできることで音楽表現し、音楽との素敵な出会いの瞬間を味わうことが重要です。

　第三は、私たち大人が子どもと"ともに"楽しい空間を過ごすことです。大人の中には、子どもを未熟な人と見下してみる人がいます。その態度は、受容や共存という価値観とは馴染みません。子どもは周囲の大人の価値観や行動に大きな影響を受けやすいのです。私たちは、子どもを一人の音楽的な人として認め、音楽的な人と「ともに育つ」という態度が重要です。

　リトミックにおける音楽参加の中で、子どもはさまざまな表情を見せてくれます。嬉しさ、楽しさ、優しさ、寂しさ、悲しさ、悔しさ。他者の気持ちやアイデアを寛容に受け入れたり、支持したり、協働したり、譲ったり。時には拒否したり、抵抗したりします。これらのさまざまな心のうねりを、私たち大人はしっかりと受け止め、共感することは殊更に重要です。私たちの共感的な姿を鏡として、子どもはみずからの能力をはぐくみ、その表現をいっそう輝きのあるものにしていきます。

　子どもと「音楽による対話」を楽しみましょう。そして、共に生きることの喜びを伝え合っていきましょう。

　本書刊行にあたり、多くの皆様のご理解とご協力を頂きました。分担執筆を戴いた森脇正恵先生、そして"あんそれいゆ"の皆様。いずれも鳥取県・島根県を中心に子どもたちや高齢者の方々と一緒にリトミックを楽しんでおられます。CDに素敵な演奏を載せてくださったのは渡部紗織先生（リトミック研究センター）。このほかにも、発行元の出版社様をはじめ、多くの皆様のお力添えを頂きました。この場をお借りして厚く御礼申し上げます。

神原 雅之

もくじ

はじめに ········ 2

CD収録曲リスト ········ 7

毎日の保育に取り入れよう！
楽しい「リトミック」 ········ 8

もっと教えてリトミック！ ········ 20

基本①ビート(拍) ········ 24

基本②ダイナミクスとテンポ ········ 25

基本③拍子 ········ 26

基本④リズム・パターン ········ 27

基本⑤フレーズ ········ 28

基本⑥形式 ········ 29

基本⑦ニュアンス ········ 30

基本⑧ソルフェージュ ········ 31

本書の見方 ········ 32

1歳のリトミックのテーマ

ゆ〜らり ゆ〜らり お舟に乗ろう ········ 34

体をやさしくツンツン ········ 37

『いっぽんばし』でくすぐりっこ ········ 40

カブトムシに変身！ ········ 42

あくしゅでごあいさつ ········ 45

ちょうちょうがヒラヒラ飛ぶよ ········ 48

ゴロゴロ転がろう ········ 51

いろんなところがくっついた！ ········ 54

指さん どーこだ!? ········ 58

2歳のリトミックのテーマ

指さんこんにちは ········ 62
ゾウさんのおさんぽ ········ 65
ゆ〜らりゆらり ········ 67
ぶんぶんぶん ········ 70
どうぞ ありがとう ········ 74
ゴー＆ストップで遊ぼう ········ 77
げんこつやまのたぬきさん ········ 80
ブルブル〜パッ！ ········ 83
大きなたいこ ········ 87

3歳のリトミックのテーマ

並んでついていこう ········ 92
お隣さんをツンツン ········ 96
「ティティター」のリズムをたたこう ········ 99
フープにポン ········ 103
おうまでストップ＆ゴー ········ 106
手を温めよう ········ 110
手合わせパッチン ········ 115
まねっこ遊び ········ 118
『アルプス一万尺』で手合わせ ········ 121
伸びて縮んで ········ 125
『アイ・アイ』でおさるさんごっこ ········ 128

4歳のリトミックのテーマ

- 4つたいてポン ……… 132
- ゴム紐で引っ張れ ……… 136
- 『トレパック』で跳んだり走ったり ……… 139
- スカーフで遊ぼう ……… 142
- いろんな動物に変身 ……… 148
- まわせ まわせ ……… 152
- カードで1、2、3、4 ……… 154
- おばけに会うのどーっちだ!? ……… 157
- 言葉のリズムでたたこう ……… 160
- フープで遊ぼう ……… 163
- 音階で遊ぼう ……… 168
- ドとソの違いって？ ……… 174

5歳のリトミックのテーマ

- ボードを何かに見立てよう ……… 178
- 手拍子おくり ……… 182
- 『マイムマイム』で喜びの気持ちを表現 ……… 185
- 手と足を連動してみよう ……… 189
- こいぬのBINGO ……… 193
- おしゃべりなアヒルと友達探そう ……… 197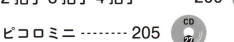
- 2拍子3拍子4拍子 ……… 200
- ピコロミニ ……… 205
- オスティナートで遊ぼう ……… 208
- ボールコロコロ ……… 212
- ハンドサインで遊ぼう ……… 215
- 和音の違いを聴き分けよう ……… 220
- 言葉のアンサンブル ……… 223

ＣＤ収録曲リスト

付属CDに収録した34曲のリストです。保育者と子どもがリトミックに取り組む際に効果的な活動を中心に選びました。現場ですぐに使えるように、前奏やアレンジ、合図などを加えており、繰り返しや複数の楽譜をミックスすることで、子どもが活動しやすい長さに調整しています。

年齢	活動名	トラックナンバー	収録時間	掲載ページ	収録内容について
1歳	ゆ〜らりゆ〜らりお舟に乗ろう	1	0:29	P36	
	カブトムシに変身！	2	0:50	P44	2回繰り返しています。
	あくしゅでごあいさつ	3	0:36	P47	
	ちょうちょうがヒラヒラ飛ぶよ	4	1:32	P50	2番は少し高めの音域（お星様）で、3番は跳ねる感じ（ウサギ）で演奏しています。
	いろんなところがくっついた！	5	1:17	P56	休符が続くところに、カウントを入れています。
2歳	ゾウさんのおさんぽ	6	1:45	P66	2の活動「ひとやすみ」の音楽を加えています。P66『ぞうさんのおさんぽ』－「ひとやすみ」を2回繰り返しています。
	ゆ〜らりゆらり	7	0:58	P69	揺れる－走る－揺れるの後に、「止まる」を入れた「走る」音楽を加えています。
	ゴー＆ストップで遊ぼう	8	0:44	P78	ランダムに「止まる」を入れています。
	ブルブル〜パッ！	9	0:56	P85	「ブルブル」－「歩く」－「ブルブル」の順で、ポーズのところにカウントを入れています。
	大きなたいこ	10	1:11	P88,89	P88「トントントン」－P89「駆け足」の後に2曲をミックスしたものを入れています。
		11	0:55	P90	
3歳	並んでついていこう	12	1:43	P93,94,95	2回目はP94の高音の合図－P95の低音の合図－ミックスした合図を入れています。
	お隣さんをツンツン	13	1:06	P97,98	P97「小鳥の歌」－P98ギャロップ（ニ長調に移調）－「小鳥の歌」
	フープにポン	14	0:49	P105	休符にカウントを入れているところがあります。
	まねっこ遊び	15	1:14	P120	
	『アルプス一万尺』で手合わせ	16	0:30	P122	2拍子
		17	0:43	P123	3拍子
	伸びて縮んで	18	0:58	P127	1回目はグリッサンドを上行、2回目は下行しています。
4歳	4つたたいてポン	19	0:37	P135	
	まわせまわせ	20	0:56	P153	3回繰り返しています。
	おばけに会うのどーっちだ！？	21	1:20	P159	「ア〜レ〜」の部分に音を入れています。また、3回繰り返しています。
	音階で遊ぼう	22	0:57	P171	
5歳	手拍子おくり	23	1:27	P184	
	こいぬのBINGO	24	1:40	P196	5回繰り返しています。
	おしゃべりなアヒルと友達探そう	25	1:07	P199	3回繰り返しています。
	2拍子3拍子4拍子	26	0:50	P201,202,203	4の活動に合わせて、2拍子－3拍子－4拍子をミックスしています。
	ピコロミニ	27	0:36	P207	
	オスティナートで遊ぼう	28	0:38	P209	
		29	0:38	P211	
	ボールコロコロ	30	0:51	P214	
	ハンドサインで遊ぼう	31	0:26	P216	
		32	0:48	P217	
		33	1:15	P218,219	P219「スキップ」－「止まって聴く」－「歌＋ハンドサイン」－「スキップ」の後に、P218★－♥を入れています。
	和音の違いを聴き分けよう	34	0:39	P221	I－IV－V－I

> リトミック教室をのぞいちゃいました！

毎日の保育に取り入れよう！
楽しい「リトミック」

リトミックは、音楽的感性を育むだけでなく、注意力や集中力、他者とのコミュニケーション力、想像力などを養うことができます。心と体を調和させるリトミックをぜひ園で取り入れてみましょう。

ゴロゴロ転がろう　1歳 ▶P51

音楽（唱え言葉）に合わせて、床の上を転がる全身運動。テンポを変えたり、転がる方向を変えたりしながら、全身を使うことで心と体の弛緩を楽しみます。

導入　自由にゴロゴロ転がろう

保育者は「ゴロゴロゴロ…」と唱えて、子どもたちが自由に床に寝転がるよう促します。子ども同士の間隔が狭くなりすぎないよう見守りましょう。

\ ゴロゴロ〜 /

ゴロゴロ〜

アドバイス　転がる方向をチェンジ！

音楽のフレーズごとに、転がる方向を変えましょう。慣れてきたら音楽のテンポを速くすると、方向転換の瞬間がさらに盛り上がります。広いスペースがない場合は、一列に並んで転がりましょう。

お互いの顔を近づけたり、わざと距離が離れるように転がったりと友達との間隔を楽しみながら転がります。全身の筋肉を緩めて心と体をリラックスさせましょう。

いろんなところがくっついた！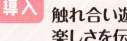

▶P54

音楽に合わせて、手や顔、体を順番にくっつけます。保育者と触れ合うことで安心感が生まれます。ビートに合わせて揺れたり、触れ合う瞬間を予感したりして遊びましょう。

導入　触れ合い遊びの楽しさを伝えよう

動物たちがくっつく姿がかわいい絵本『くっついた』（作／三浦太郎　こぐま社）など、スキンシップが楽しみになるような絵本を読みましょう。ピタッと触れ合う部位を指差ししたり、くすぐったりしながら読むと盛り上がります。

子どもたちは遊ぶ中で次第にくっつく瞬間を予感できるようになり、「次はどこをくっつけるのかな？」と期待を膨らませるようになります。

最後は子どもたちが大好きな「ギュッ」で抱き合います。体の一部分ずつくっついていたのが「みんなくっついた」と体全体がくっつくことで、保育者との距離も縮まります。

指さん　どーこだ！？

1歳　▶P58

「お父さん」や「お母さん」といった大好きな言葉のリズムと、指の動きの重なりを楽しみます。目と指の協応力が身に付く遊びです。

導入　指の動きに注目！

指先に注目が集まる、指人形は導入遊びにぴったり。指人形をダイナミックに動かして子どもの体に触れてみたり、ユニークな声色で話しかけたり、指の動きに興味をもたせます。

「グー！」

左右の親指を向かい合わせるときは、動きがイメージしやすいように「グー！」とことばかけをするとよいでしょう。自分自身の指を動かすことが楽しくなってきます。

『ゆびのうた』に合わせて、両方の手のひらを左右に揺らします。慣れてきたら、親指から小指までそれぞれの動きを少しずつスピードアップしていきましょう。

ゴー＆ストップで遊ぼう　2歳　▶P77

音楽のビートに合わせて体を動かします。保育者がカードを掲げる、下ろす動作を見て、子どもは手をたたく、止めるなどと体で反応を楽しむ遊びです。音楽が止まるときと再開するときを予感させます。

導入　音楽に合わせて自由に動く

音楽に合わせて手をたたいたり、好きな方向に歩いたり、慣れてきたら手をたたきながら歩いたりします。導入では、音楽を聴いて自由にのびやかに動くことが大切です。

保育者がカードを上げ下げするときは、音楽のフレーズを意識しながら行うと、子どもたちがカードの変化を予感しやすくなります。

手をたたくのに慣れたら、次は音楽に合わせて好きな方向に歩きましょう。テンポが速くなると駆け足に、遅くなるとゆっくり歩くなど、音楽の変化を体で表現できるようになります。

保育者は子どもの様子を見ながら、音楽を途中で止めます。そのとき、好きなポーズをとるようにすると楽しいでしょう。慣れるまでは「ストップ」や「ポーズ」などの言葉をかけましょう。

2人組（または3人組）になり、まねをする子とされる子に分かれ、まねっこ遊びをしましょう。手をつないで同じ動きをすることからはじめると次第に慣れていきます。

\ ロープ（紐）を使って /
ブルブル〜パッ！

2歳 ▶P83

言葉のリズムと動きのつながりが感じられる遊びです。「ブルブル〜パッ」と唱えながらロープを動かすことで、音の「動と静」を楽しみましょう。

導入　歌に合わせて一緒に動かそう

子どもたちは向かい合い、2、3人で両手をつなぎ、保育者の歌う歌に合わせて揺らします。はじめはゆっくりと、慣れてきたら腕を上げ下げするなど、自由に動かしましょう。

「ブルブル〜」　「ブルブル〜」

2、3人でロープを持ち、「ブルブル〜」と唱えながらロープを揺らします。保育者は「ブルブルたくさん震えてるね」「大波みたいだね」などとことばかけをしましょう。

\ はい、ポーズ！/

保育者が「パッ！」と言ったらロープを揺らすのを止めます。動きを止めるときに、好きなポーズをとると盛り上がります。止まったときのロープの形に注目しても楽しいでしょう。

「イチニ、イチニ」

音楽に合わせて、ロープを持ったまま歩きます。音楽が止まったらポーズをとって動きを止めます。保育者はグループ同士の間隔を広くとり、ぶつからないよう見守ります。

ロープ（紐）

活動に合わせて結ぶなど、長さを調節して使います。子どもの年齢に合わせて太さを選び、またぐ、持つ、揺らす、引っ張るなどいろいろな使い方が楽しめます。

\ フープを使って /
フープにポン

3歳
▶P103

音楽に合わせてフープの中にジャンプします。ジャンプする楽しさとともに、着地する前の動き（緊張）と、着地した瞬間（弛緩）を体感できます。

導入　水たまりや小さな池に見立てて

フープを水たまりなどに見立てて遊びます。保育者は「何かいるかな？」とことばかけをすると、子どもはのぞき込んだり、顔を映してみたりと想像力を膨らませていきます。

さんはい！

音楽に合わせてフープの間を歩き回り、合図でフープの中にジャンプします。まだジャンプが苦手な子どもは、保育者が手をつないで一緒にフープに入るとよいでしょう。

フープ

子どもの位置を示す目印としてはもちろん、中に入ったり、床に置いたり、見立て遊びに使ったりと用途は様々。大きいサイズなら1本を複数人で使っても楽しいです。

ピョン

保育者が強弱をつけて弾くようにすると、強い→大きく跳ぶ、弱い→小さく跳ぶというように、子どもはジャンプする瞬間を予感して、音を動きで表現できるようになります。

伸びて縮んで

3歳 ▶P125

音の高低差を聴き分け、体いっぱいに表現します。大げさに表現することで、より緊張と弛緩の変化を感じられます。高低差を狭くすると、聴き分けの難易度が上がります。

導入　保育者のまねを楽しみながら

保育者は手足をいっぱいに動かしてポーズをとります。子どもたちはまねをします。はじめは大きな動きから、次第に表情や指先など細かな部分の動きまでまねできるようになります。

\ 伸びて〜！ /

両手を指先までしっかり伸ばしてつま先立ちで背伸びします。保育者は「手も足もピーンと伸ばしましょう」と全身を意識できるようなことばかけをしましょう。

\ 縮んで〜！ /

体が小さく丸まるように、膝を抱えてしゃがみこみます。風船になったつもりで「シューと縮みましょう」などとことばかけをするとイメージしやすくなります。

風船を持ったつもりで動き回ります。風船が風になびくように駆け足するなどの動きを取り入れましょう。保育者は、子どもたちに好きな色を尋ねて風船を配る動作（ジェスチャー）から始めると楽しいです。

スカーフを使って
スカーフで遊ぼう

4歳 ▶P142

音楽の強弱（ダイナミクス）の違いを聴きとって、体を動かします。カラフルなスカーフを使って表現しながら、音楽の揺れる感じを楽しみましょう。

導入　スカーフで変身ごっこ

色とりどりのスカーフは好きな色選びからはじめましょう。リボンのように髪に結んで飾ったり、腰に巻いて変身ベルトのようにしたり。小さなファッションショーのはじまりです。

両手でスカーフを包み、『チューリップ』を歌いながら音楽に合わせて体を左右に揺らします。歌の最後に手を開き、「パッ」とスカーフの花を咲かせましょう。

頭にスカーフを被り、合図で一斉に「バァー」と顔を出します。保育者は子どもがスカーフをとるまでの時間に期待感をもてるよう、言葉を唱えるなど工夫しましょう。

「パッカ！」「パッカ！」

スカーフを腰回りにつけて垂れさせたら、馬のしっぽに変身！「パッカ、パッカ」と唱えながらお馬さんになってギャロップしましょう。

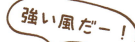

「強い風だー！」

2人組でスカーフを持ち、146ページの音楽に合わせて風を表現します。保育者が強弱をはっきりと弾くことで、子どもはそよ風や強い風など風の強弱も表現できるようになります。

スカーフ

カラフルな色展開や柔らかな質感に加えて、丸めたり、広げたり、結んだりと形が自在に変えられる優れもの。大きめのバンダナや薄手のハンカチなどでも代用できます。

ボールを使って

まわせ まわせ

4歳 ▶P152

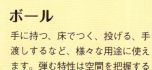

『まわせ まわせ』の歌に合わせて、順番にボールを回します。この遊びを通して、フレーズのまとまりやビートの流れを感じながら、友達との関わりの楽しさを体験します。

ボール

手に持つ、床でつく、投げる、手渡しするなど、様々な用途に使えます。弾む特性は空間を把握する力を養います。

「私で止まった！」

歌の最後のフレーズでボールを持っていた子は、輪を一周します。歌の後半になるとボール回しが遅くなりやすいため、保育者は一定のリズムで回せるように言葉をかけます。

\ フープを使って /
フープで遊ぼう

4歳
▶P163

音楽に合わせて、フープを動かします。友達と息を合わせて引っ張ったり、一緒に体を動かす楽しさの中で、音楽の違いや変化を感じとることができます。

導入　大好きな電車ごっこを楽しんで

フープ遊びと言えば、電車ごっこ。2人組になって自由に動き回りましょう。運転手と客の役割を交代したり、保育者が駅員になったりするとさらに盛り上がります。

「よいしょ」

音楽に合わせて舟漕ぎ遊び。子どもたちは友達と一緒にフープを持つと、つい動かしたくなるもの。音楽の聴きとりに集中できるよう、ことばかけしましょう。また、4、5歳児の子どもなら、足の裏同士をつけて腹筋を使いながら起き上がれるように、保育者が支えます。

舟漕ぎをする子どもの様子を見ながら、保育者は「雨が降ってきましたよ！」とことばかけをします。2人で一緒にフープを傘に見立てて持ち上げます。

保育者は雷様になりきって「おいしそうなおへそはないかな？」と言います。子どもたちはフープを置き、両手でおへそを隠します。舟漕ぎや雨と組み合わせて遊ぶと楽しいです。

音階で遊ぼう

　▶P168

「ドレミファソ」の音階に親しむ遊びです。上行や下行といった音階の方向を聴き分けて、体で表現しながら楽しみましょう。

 楽しく体を動かして

保育者は、「ドレミファソ」を楽しく唱えながら体を動かしましょう。階段のように少しずつ上がっていく腕の動きを、子どもたちはまねするようになります。

バンザーイ

「〇〇ちゃんの"ソ"の音、ピーンと腕がまっすぐですね」など、保育者が友達の姿を伝えると、子どもは自分の姿も意識できるようになります。慣れてきたら、音階の歌い方にレガートやスタッカートを取り入れて、腕の上げ方も変化させましょう。

手をつないで輪になります。『音階のうた』を歌いながら体を動かします。保育者は、歌のリズムに合わせて、歩数のカウントや次に動く向きを伝えると子どもが動きやすくなります。

\ ボードを使って /
ボードを何かに見立てよう

5歳 ▶P178

異なるリズムを聴き分ける力が身に付きます。音楽の変化に合わせて、ボードを何に見立てるか、動きをどうするかなどを変えて楽しみましょう。

導入　ボードで見立て遊び

段ボールや厚紙を丸く切り、色画用紙を貼ったものを人数分用意します。子どもたちが思い思いのものに見立てる様子を楽しみます。

ボードを頭の上にのせたり、斜めに掲げたりして歩きます。2分音符（ターアン）のリズムに合わせてゆっくりと歩きます。

\ ドライブ〜♪ /

丸くなって座り、4分音符（タータ―）のリズムで膝の上のボードをたたきます。保育者は3つの音楽をミックスしながら弾き、子どもは音楽を聴き分けて動作を楽しみます。

両手でボードをしっかり持って、ハンドルのように動かしながら走ります。保育者は8分音符（ティティ）のテンポが速くなりすぎないように、ビートが等しくなるよう注意します。

ボード

直径20センチぐらいに切った段ボールや厚紙に色画用紙を貼ったもの。子どもがケガをしないように切り口はテープを貼るなどして保護するとよいです。

こいぬのBINGO　5歳　▶P193

『こいぬのBINGO』の軽やかなビートにのって歌い、アクセントで動作を行います。友達の動きや順番などを互いに確認することで、コミュニケーション力も高まります。

導入　動物が出てくる歌をあげてみよう

子どもたちに、動物が登場する歌を尋ねます。『ぞうさん』や『アイ・アイ』など、あがった歌を一緒に歌ったり、出てくる動物になりきって遊ぶのも楽しいです。

＼ジャンプ！／

「B-I-N-G-O」のアルファベットの5文字を子どもたちに割り当てます。自分の文字の順番がきたら、歌いながら大きくジャンプします。

＼はい、ポーズ／

フープを使ったアレンジも楽しめます。『こいぬのBINGO』を歌いながら好きなフープに入り、最後の「かわいいね」のフレーズで思い思いのポーズをとりましょう。

もっと教えてリトミック！

音楽的感性を育て、こころとからだの調和的な発達を促すリトミック。ここでは、リトミックの考え方と基本について紹介します。

Q リトミックとは？

A 「表現したい」気持ちを育てる音楽教育のこと

リトミックは、スイスの作曲家、エミール・ジャック＝ダルクローズが「一人ひとりの感性を磨き、心と体の調和的な発達を促すもの」として提唱した音楽教育です。リトミックの体験は、一人ひとりの成長を育み、幸せな瞬間へとつないでいきます。

何かを表現したい欲求を満たす

感情が体の動きやことばを導くのと同じく、私達は音楽を表現するときに、体の動きやことばによって何かを表したくなります。音楽と動きを融合した教授法であるリトミックは、音楽、動き、ことばによって"何かを表現したい"という欲求を満たしてくれます。

音楽を通して体験することができる！

リトミックで大切なのは「何かを知っている」ことよりも、「体験した」「感じた」こと。そのためには、変化していく音楽を聴きながら動きで応答する（音楽の行方を体で表現する）ことが重要となるのです。そこではじめて音楽の意味・内容が理解できると考えられます。

Q リトミックで何が身に付きますか？

A 動きの体験を通して「音楽力」を育てます

リトミックは、体を動かす体験を通して、音楽を特徴づけている要素に気付かせる力（音楽的センス）を育てます。音楽の変化に合わせて「動く」ためには、「聴く」ことがとても重要になります。

音楽力 1　筋肉の緊張と弛緩でダイナミクスやテンポの違いを感じとろう

音楽を特徴づけている要素（表1）に気付くために、リトミックでは、音楽を聴きながら筋肉を「緊張」させたり「弛緩」させたりする動きを行います。この動きは、テンポやダイナミクス、空間の違いに気付いたり、3者の関係性を認識したりします。（表2）

表2　テンポとダイナミクスと空間の関係

テンポ (Tempo)	ダイナミクス (Dynamics)	空間 (Space)
速い	弱い	狭い
中	中	中
遅い	強い	広い

表1　音楽を特徴づけている要素

- リズム：ビート、アクセント、ダイナミクス、テンポ、拍の分割と結合、拍子 ほか
- 旋律：単旋律、ポリフォニー、モチーフ ほか
- 形式：二部形式、三部形式、ロンド形式 ほか
- 音程：半音、全音、2音列、3音列
- 音階：旋法、長音階、短音階
- 和音：長三和音、短三和音
- 調性：長調、短調

音楽力 2　動きの中でリズムを理解しよう

歌や楽器演奏で基本となるリズムは、8分音符、4分音符、2分音符、スキップです。リトミックでは、数学的に「4分音符は8分音符2つ分」と理解するのではなく、リズムに含まれている空間の広がりやダイナミクス（強弱）の違いに気付くことによってリズム感を習得します。動物の模倣などを取り入れることで、イメージしながら表現する力も身に付きます。

音楽力 3　体を楽器にして調和を味わおう

左右の指が異なる動きをしながらも「調和」しているのがピアノ演奏です。合奏や合唱では異なるパートの動きが重なり合い、独特の「調和」を味わうことができます。リトミックでは、体を楽器にして「調和」を味わいます。例えば、右手でター（♩）のリズムを、左手でティティ（♫）のリズムをたたき、途中で左右のリズムを交代するなどです。

 # リトミックの指導のポイントは？

A 音楽を楽しむことの素晴らしさを伝えましょう

五感をフルに使って体験するリトミックの学習では、子どもの成長や発達を促すための配慮が必要です。子どもにとって望ましい音楽環境を整え、質のよい音楽を選ぶことはもちろん、4つのポイントを意識して指導を行いましょう。

1 知っていることからはじめて知らないことを織り交ぜよう

リトミックの学習では、全員が楽しみながら音楽に参加できることが大切。そのためにも、まずは知っていることや体験したことからはじめましょう。ただし、知らない世界に出合う面白さや楽しさを感じてもらうため、新しい内容も適度に織り交ぜた構成が必要です。知らない歌を歌うときは、体の動きで参加を促すなど工夫しましょう。

2 「動く」だけでなく「聴く」ことが大切

動きを伴いながら参加するリトミックは、どうしても音楽を「聴く」より「動く」ことが重要視されがちです。大切なのは、音楽のメッセージが子どもの心に届いているかどうか。何となく「聞く」のではなく、心を集中し、意識して「聴く」ことができているかを気にかけてください。やがて、その音楽は、心に「効く」ものとなるでしょう。

3 音楽のうねりにどっぷりと浸らせよう

体の動きを通して、「音楽は面白い」と感じられることがポイント。そのためにも、まずは保育者自身が音楽の楽しさや美しさを感じることが大切です。子どもたち一人ひとりをよく観察し、音楽のうねりにどっぷりと浸らせることでよい音楽環境を整えましょう。

4 幼児との温かな感情のやりとりを楽しもう

子どもの音楽的発達は、大人と一緒に参加する音楽体験によって高められます。1人で音楽に聴き入るのも素晴らしい体験ですが、人との関わりの中で味わえる音楽の楽しさは格別です。保育者は、子どもの年齢と経験に合った温かな働きかけを行い、「音楽が好き」「人が好き」という心を育てていきましょう。

Q リトミックを実践するときに意識することは？

A 「リズム運動」「ソルフェージュ」「即興演奏」の3つの柱を意識しましょう

リトミックの学習では、「リズム運動」「ソルフェージュ」「即興演奏」の3つを柱とし、これらをらせんのように循環し、高めていくことが重要です。これらの体験を重ねていくうちに、子どもたちは鋭い感覚で音楽を聴けるようになり、さらなる音楽的教養を発達させることができるのです。

リズム運動
自然な動きの中から、音楽体験の基本となる音を知覚して聴く能力を育みます。

ソルフェージュ
リズム運動で体験した感覚を、体を動かすことを通して音と関連付ける能力を育みます。

即興演奏
リズム運動やソルフェージュでの体験をもとに、自分なりの音楽表現をする能力を育みます。

リトミックで育まれる 様々な力

リトミックは、音楽をはじめとする芸術の分野の力を伸ばすだけでなく、日常生活や学習においても表現力を発揮し、無限に広がる子どもたちの能力を目覚めさせます。

1 注意力、集中力、セルフコントロール、記憶

2 空間の認識、体の認識

3 他人との接触、責任感、社会的統合

4 均衡、運動の整合、自立した身振り

5 想像性、感受性、音楽性、個性、ニュアンスの感覚

6 リラックス、癒し

リトミックの基本 1

ビート（拍）

ビートは、音楽の底辺に規則的に流れる脈拍＝音楽の特質を生み出す最も基礎的な要素です。身近な言葉や動きをともないながら、ビートの揺れを楽しみましょう。

リズミカルに流れるビートで心地よさを味わいましょう

身の回りにある音楽の多くは、ビートをもっています。リズミカルに流れるビートを聴くと、私たちは、心地よさ（快感）を感じ取ることができます。子どもが知っている言葉や動作と音楽を重ね合わせて、音楽の豊かさ、面白さを体験しましょう。

実践1　ビートを言葉に置き換えよう

0〜2歳児の場合、保育者は「はな、はな…」と唱えながら、子どもの鼻をチョンチョンと触ったりやさしくつまんだりします。頭や耳、頬も同様に行いましょう。3歳児以上の場合、保育室にある机やタオル、子どもの持ち物などを指差しながら唱えるのも効果的。ことばと動作をリズミカルに重ねることがポイントです。

実践2　ビートを身近な動作に置き換えよう

子どもに身近な動物（ゾウやウサギ、鳥、リスなど）の模倣動作や、掃除や料理など、生活の中でよく見られる動作をまねしましょう。ビートの速さ（速い、遅い）に合った動きを取り入れるのが難しい場合は、子どもが演じる動きに、保育者がビートを合わせるようにしましょう。

実践3　楽器にチャレンジしよう

模倣動作や想像活動などを通して体験したビート感を、カスタネットやウッドブロック、トライアングル、鈴などの楽器で表現します。手づくりの楽器を用意しても楽しいです。

リトミックの基本 2 ダイナミクスとテンポ

「ダイナミクス（強弱）」と「テンポ」は、音楽の表情を生み出す大切な要素です。強弱やテンポの違いを空間の広さと結び付けて表現しましょう。

音楽の表情を変化させるダイナミクスとテンポ

音楽が次第に強くなると興奮したり、弱くなると沈静化し安堵感を抱いたりするように、ダイナミクス（強弱）は、音楽の表情を生み出す重要な役割を担っています。また、テンポも速いときは興奮した状態を、遅いときは落ち着いた状態を表します。

実践1　強弱と空間を関係づけよう

対照的な動作を体験することによって、音楽の強弱の違いに気付くことができます。音楽が弱くなるのに合わせてしゃがんで小さくなり、強くなるのに合わせて背伸びをして大きくなるなど、音楽の「強い・弱い」の違いを、空間の広い・狭いに置き換えることで、強弱が変化する様子を実感します。

実践2　模倣活動を通して、テンポの違いを楽しもう

いろいろな動物の動きを模倣して、テンポの違いを楽しみましょう。速いテンポのときはリス、ネズミ、小鳥の動きを、遅いテンポのときは、ゾウやワニの動きが最適。ウサギや犬の動きは中くらいのテンポとなります。テンポの違い（遅い／速い）を動きの違いで表しましょう。

実践3　テンポと空間を関係付けよう

テンポの違い（遅い／速い）を動いてみましょう。遅いテンポのときは、ステップの歩幅を広くします。例えば、重い荷物を背負ったつもりで足取りを重く、など。一方、テンポが速いときは歩幅を狭くします。軽やかに駆け足したり、アリさんになってチョコチョコ歩いたり。テンポと空間を関係付けることがポイントです。

遅い　速い

リトミックの基本 3

拍子

ビート（拍）の流れの中で、規則的なアクセントが与えられたときに「拍子」が生まれます。拍子には、単純拍子、複合拍子、混合拍子など様々な種類があります。

単純拍子、複合拍子、混合拍子を動いてみよう

ビートの流れの中で、2拍ごとにアクセントが表れると2拍子、3拍ごとなら3拍子、4拍ごとなら4拍子になります（24ページ参照）。これらは単純拍子といい、拍は2分割されます。複合拍子は拍が3分割され、8分の6拍子などを指します。混合拍子は2拍子と3拍子を組み合わせた5拍子、2拍子と3拍子と2拍子を組み合わせた7拍子などがあります。

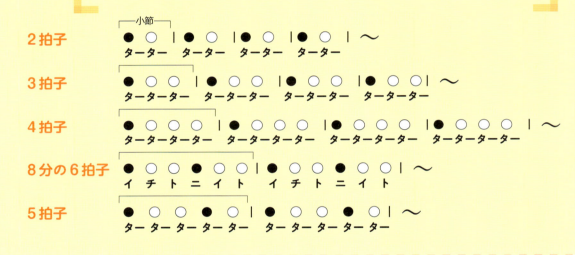

実践1　日常の動作や言葉に置き換えよう

拍子に合わせて動いてみましょう。2拍子なら「カニさん歩き」、3拍子なら「揺れる」、4拍子なら「手合わせ」など。また、歩く、走る、揺れるといった日常的な動作をしたり、単語や擬態語・擬声語などリズミカルな言葉を反復したりして、拍子と関係付けるのも楽しいです。

実践2　簡単なダンスに挑戦しよう

音楽に合わせて簡単な身振りやダンスを行うのも拍子の体験としておすすめ。友達と一緒にサークルダンスやフォークダンスをしたり、一列に並んでラインダンスをしたりすることも、拍子の違いや変化を聴きとる力を養います。

リトミックの基本 4

リズム・パターン

ビート（拍）を分割、統合すると、リズム・パターン（リズム型）が生まれます。リズム・パターンは音楽の模様のような存在で、音楽を特徴付ける役割を担っています。

モチーフ（動機）となって音楽全体に影響

リズム・パターンは、モチーフ（動機）となります。モチーフは、2小節を1つのまとまりとして音楽全体に影響を及ぼします。リズム・パターンを体験するときには、「ティティター」や「ターティティ」など、リズム唱をともなうと効果的です。

代表的なリズム・パターン例

〈2分割されたリズム型〉
- ♪♪ ♩ ティティター
- ♩ ♪♪ ターティティ
- ♪. ♪ ティターティ
- ♩. ♪ ターイティ
- ♪♪♪♪ ティティティティ
- ♪ ♪. ティターイ

〈3分割されたリズム型〉
- ♪♪♪ ♪♪♪ ティティティ ティティティ
- ♩ ♪ ♪ ター ティ ター ティ
- ♪ ♪ ♪ ♪ ティター ティター
- ♪♪♪ ♪♪♪ タッカ ティ タッカ ティ

実践1　リズム・パターンを動いてみよう

ターは膝をたたく、ティティは手をたたくなどリズム型の違いによって動作を変えてみましょう。時間の長さの違いを歩幅の違いとして表すステップも効果的です。リズムが前に進んでいく感じ（推進力）や、リズムのうねり（抑揚感）をたっぷり味わいましょう。

実践2　言葉を唱えよう

身近なものの名前（言葉）を唱えることで、リズム・パターンの違いを表してみましょう。例えば「ドーナツ」なら「ターティティ」といったように。「ター」を重く、「ティティ」は軽く表現すると、リズムに含まれる抑揚感も強調できます。

実践3　リズム・パターンを重ねてみよう

異なるリズムを組み合わせて、動きも重ねてみましょう。「ター」を歩きながら、「ター・ティ・ティ」を手でたたいたり、「スパゲッティー」（♪♪ ♩ ♪）と唱えながら、食べる動作をしたりするなども効果的。推進力や抑揚感を失わないように動くことが大切です。

リズムの基礎はビート

音楽は、様々なリズムの重なりに支えられています。刻々と流れる「ビート（拍）」にアクセントが加わって「拍子」が生まれ、その上に重なる「リズム・パターン」が拍子感を際立たせます。そして、「旋律（メロディー）」が重なることで、さらに音楽は豊かになるのです。

リトミックの基本 5 フレーズ

ひと呼吸で歌うことのできる長さとして感じとる「フレーズ」は、
リズム・パターンより大きな音楽のまとまりで、音楽に秩序を与えます。

> **長いフレーズと短いフレーズ**
> フレーズには、長いもの（長いフレーズ）と短いもの（短いフレーズ）があります。文章の「、」や「。」で区切られるまとまりのことです。フレーズの長さの違いは、息を吸ったり吐いたりする呼吸で感じることができます。まずは、保育者が手のひらを持ち上げながら息を吸ったり、手のひらを下に押しながら吐いたりと動作付きで伝えましょう。

実践1　ロープの上を歩こう

床に約2mのロープ2本と4〜5mのロープ1本を、扇形になるように置きます。子どもはその上を直線部分は4歩、弧の部分は8歩で歩きます。フレーズの長さの違いを体験することができます。

実践2　大きな輪になってステップしよう

立った状態で全員が大きな輪をつくります。1人がボールを手に持って、「かけあし　かけあし　どーおーぞ」と唱えながら、他の子のところにステップします。「どーおーぞ」でボールを渡し、ボールを受け取った子どもは、また他の子に繰り返します。フレーズのまとまりを感じながら体験しましょう。

実践3　空間に線を描いてみよう

1つのフレーズから次のフレーズに移るタイミングに気を付けましょう。2人組になり、最初に1人が4拍数えながら、空中に直線を描きます。もう1人の子は、直線の最後のところから4拍数えながら直線を描きます。続けて、はじめの子が8拍数えながら直線を描き、もう1人も同じように描きます。これを繰り返します。

リトミックの基本 6　形式

「形式」とは、音楽の構造を生み出す要素です。
いくつかのフレーズが組み合わさって、形式となります。

主な形式の組み合わせ

A ＋ B ＝２部形式（大きな２つのまとまりで構成された音楽）
A ＋ B ＋ A ＝３部形式
A ＋ A' ＋ B ＋ A ＝さらに大きな２部形式
A ＋ B ＋ A ＋ C ＋ A ＋ D ＋ A ＝ロンド形式
　　　　　　　　　　　　　　（同じフレーズが何度も挿入された音楽）

実践1　動きで音楽のまとまりを感じよう

子どもの歌は、８小節や16小節でつくられることが多いようです。歌いながら右に４歩、左に４歩、前に４歩、後ろに４歩…とステップしてみましょう。上に背伸び・下にしゃがむなどを加えることも効果的。８小節ごとに動きを変えることによって、音楽のまとまりを感じられるようになります。

実践2　『ぶんぶんぶん』（３部形式）に挑戦しよう

A＋B＋Aで構成される３部形式を体験しましょう。例えば『ぶんぶんぶん』のとき、A…歌いながらハチになって飛ぶ、B…みんなで輪になって手をつなぐ、再びA…飛ぶ、など、異なる動きを比較することで、音楽の構成を理解できるようになります。

実践3　ロンド形式を動いてみよう

ある旋律Aが異なる旋律（B　C　D…）を挟みながら、A＋B＋A＋C＋A＋D…のように何度も繰り返されるものをロンド形式といいます。例えば、おとぎ話の主人公（A）が、他の登場人物たちと次々に出会う『おおきなかぶ』や『桃太郎』『さるかに合戦』などもロンド形式と言えるでしょう。繰り返しのある素材を使って楽しく体験しましょう。

リトミックの基本 7　ニュアンス

音楽に表情をつくり出す「ニュアンス」。強弱・テンポ・音色などに加えて、アーティキュレーションやフレージングもニュアンスを生み出します。

音楽のニュアンスを体験するために

音楽の表情や陰影など、音楽を豊かにする様々な「ニュアンス」の表現の仕方を学ぶために、動く⇔止まる、速い⇔遅い、高い⇔低い、重い⇔軽い、跳ねる⇔滑らか、固まる⇔溶ける、温かい⇔冷たい、など対照的な様子を表す動きを比較体験させるようにしましょう。

実践1　強弱を重い・軽いで表現しよう

ニュアンスを決める代表的な要素が「強弱」です。単純に音が強い・弱いを理解するだけでなく、強弱の違いを筋肉運動感覚、つまり「重さの感覚」として実感することが大切です。重い荷物を持って歩く（forte：強く）、手のひらに真綿をのせて落とさないように歩く（pianissimo：きわめて弱く）などの模倣動作を通じて味わいましょう。

強く　　きわめて弱く

実践2　緊張⇔弛緩とエネルギーを変化させよう

「固まる⇔溶ける」といったように、「緊張⇔弛緩」へとエネルギーが変化する様子は、音楽的な表現をするときの重要なセンスとなります。動作を通じて体験しましょう。

例　・ネコが床で背伸びする(緊張) ⇔ 丸くなって眠る(弛緩)
　　・カチコチに固まった氷(緊張) ⇔ 太陽に当たって溶ける(弛緩)
　　　など

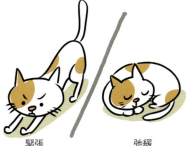

緊張　　弛緩

実践3　スタッカートとレガートを体験しよう

軽やかで歯切れのよい「スタッカート」と、滑らかで上品な印象の「レガート」は、音楽のニュアンスを決める重要な要素のひとつです。動きとともに体験しましょう。
・熱したフライパンの中で勢いよくポップコーンが跳ねる様子＝スタッカート
・滑らかな氷の上をスケート靴で滑っている様子＝レガート

スタッカート　　レガート

リトミックの基本 8 ソルフェージュ

「ソルフェージュ」は、リズム運動で得た感覚を音の高さ、旋律、音階などに置き換えて、より音楽的な感覚の獲得を目指す学習です。

2音を比較してピッチ（音高）を識別するところから

「ソルフェージュ」では、音の高低や音色、音程、スケール（音階）の違いを識別する体験を行います。学習の初期には、なじみのあるわらべ歌（唱え歌）などの遊びを通して、2音を比較しながら体で表現していくと、無理なく楽しみながら耳のセンスを育むことができます。

実践1　同じ音を歌おう

はじめは、音程などは気にせず、歌うことそのものを楽しむようにしましょう。一緒に山に向かって「ヤッホー」とかけ声をかけるなど、保育者と同じ音を唱えることからはじめても楽しいです。

実践2　2音を比較しよう

保育者が「○○ちゃん」（ラ・ソ・ラ）と名前を呼びかけ、それに反応して子どもが「はーい」（ラ・ソ・ラ）と答えます。保育者の音程をまねするうちに、子どもは2音のピッチの違いがわかるようになります。日常的なやりとりの中で無理なく行いましょう。

実践3　オスティナートで歌おう

オスティナートとは、一定のリズムや旋律のパターンを繰り返して演奏することです。お神輿を担ぐときの「わっしょいわっしょい」（ラ・ソ、ラ・ソ）や、綱引きのときの「よいしょよいしょ」（ラ・ソ・ラ、ラ・ソ・ラ）など、かけ声で体験すると楽しいです。保育者はかけ声の速さに合わせて即興演奏をしましょう。生活の中にある出来事や事象を取り出して、音楽と関連付けるのがポイントです。

本書の見方

① 対象年齢

② 難易度…各年齢ごとに表示。

③ リトミックの基本…P24〜31で紹介したリトミックの基本となる8つの要素の中から、活動を通じて子どもが体験できることを掲載しています。

④ ねらい…活動を通じて身に付けてほしいことを解説しています。

⑤ 活動で使用する曲名（作詞・作曲者）

⑥ 用意するもの

⑦ 付属CD収録曲…マークの数字は、トラックナンバーを表示しています。
※詳しくは7ページのCD収録曲リストを参照

⑧ 遊びの進め方…導入遊びやメインとなる活動の流れ、ことばかけがひと目で見通せます。

⑨ 導入…子どもたちがスムーズにメインの活動に入れるように取り入れたい導入遊びを紹介します。

⑩ ことばかけ…遊びに入る前に、保育者が子どもに向けてかける言葉。

⑪ メインの活動の流れ

⑫ 基本の動き…活動の基本となるリズムや音。

⑬ 隊形…活動しやすい子どもたちの配置例。

＜本書にあるカコミ＞

 Point　リトミックを行うときに気を付けたい点やポイントをあげています。

アレンジ　年齢の異なる子どもが同じ活動を行う場合や、慣れてきたら取り組みたい発展形の遊びなどを紹介しています。

弾き方のコツ　保育者が演奏する場合にうまく弾けるコツや注意点を紹介しています。

1歳の リトミックのテーマ

- ゆ〜らり ゆ〜らり お舟に乗ろう CD①
- 体をやさしくツンツン
- 『いっぽんばし』でくすぐりっこ
- カブトムシに変身！ CD②
- あくしゅでごあいさつ CD③
- ちょうちょうがヒラヒラ飛ぶよ CD④
- ゴロゴロ転がろう
- いろんなところがくっついた！ CD⑤
- 指さん どーこだ!?

1歳

難易度 ★☆☆

ビート（拍）
ダイナミクスとテンポ

ゆ～らり ゆ～らり お舟に乗ろう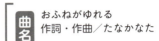

子どもと一緒に体感する揺れ（スウィング）を通じて、音楽のビートを感じましょう。

ねらい
- ビートの揺れを感じる
- 音楽の「静と動」を楽しむ

[曲名　おふねがゆれる
　　　作詞・作曲／たなかなた]

遊びの進め方

導入

ことばかけ
「ゆ～ら、ゆ～ら。次はどっちに揺れるかな」

揺れに慣れる

保育者は体育座りをした状態で、膝の上に向かい合うように子どもをのせます。

わきの下をしっかり支えながら、子どもの体を左右にやさしく揺らして遊びます。

1 子どもをのせて上下に揺らそう

2 音楽に合わせて揺らそう

3 止めたり、動かしたりしよう

基本の動き
♩ ♩
トン トン

基本の動き
♩ ♩ ⇔ 止まる
ゆ～ らり

1 子どもをのせて上下に揺らそう

保育者は膝を伸ばして座り、膝の上に同じ向きで子どもがのります。保育者は膝を上下に動かします。

> **Point** やさしく抱くように支える
>
> 子どもの姿勢が安定するよう、軽く腕あるいは胴を支えます。保育者は子どもに動きを無理強いしないように注意しましょう。

ことばかけ
「お舟がチャプチャプ揺れますよ。ゆ〜らり、ゆ〜らり。楽しいね」

1歳　ゆ〜らりゆ〜らりお舟に乗ろう

2 音楽に合わせて揺らそう

慣れてきたら、好きな音楽やリズムに合わせて体を左右に動かします。言葉をかけながら行いましょう。

ことばかけ
「○○ちゃんのお舟がだんだん速く進むよ」

> **Point** 揺れに強弱をつけて
>
> 音楽のビートやアクセントに合わせて、揺らし方に強弱をつけると盛り上がります。特に、ゆったりとした動き（揺れ）をたっぷりと体験できるとよいでしょう。

3 止めたり、動かしたりしよう

『おふねがゆれる』を歌いながら、膝を上下に動かします。音楽に合わせて途中でピタッと止めます。子どもの様子を見ながら行いましょう。

ことばかけ
「歌に合わせて、お舟が揺れるよ。ぎっちらこって漕いでみよう」

アレンジ
様々な動きを組み合わせる
動きを止めたり、上下から左右の揺れに変えたり、揺れに強弱をつけたり、膝の動きを変化させることでさらに盛り上がります。

おふねがゆれる　作詞・作曲／たなかなた

1歳 体をやさしくツンツン

難易度 ★☆☆

ビート（拍）
ダイナミクスとテンポ

保育者が、子どもの体をやさしくツンツンと突きます。
反応を見ながら、軽やかなリズムを楽しみましょう。

ねらい
- ビートの揺れを楽しむ
- 強弱の変化を楽しむ

曲名：あたまかたひざポン
作詞／不詳
イギリス民謡

遊びの進め方

導入

ことばかけ
「〇〇ちゃんの腕はどこかな〜」

スキンシップを楽しむ
保育者は子どもと向かい合って座ります。ことばかけをしながら、体の部位をやさしくなでます。

1 体をやさしく突こう
基本の動き ツン ツン

2 指で這うように動かそう

3 音楽に合わせて触れ合おう
基本の動き ス〜 ス〜

1 体をやさしく突こう

保育者と子どもは、手の届く距離で向かい合って座ります。親しみのある音楽を口ずさみながら、子どもの体をあちこち指でやさしく突きます。

> **Point** 音楽に合わせて、強弱をつけよう
>
> 「ツンツンツンツンツン…」と言葉を添えながら行うと盛り上がります。動きからスキンシップの楽しさを伝えましょう。

ことばかけ
「○○ちゃんの体にツンツンするよ」

2 指で這うように動かそう

保育者の人差し指と中指で、子どもの体の上を歩くように動かします。

ことばかけ
「イチ、ニ、イチ、ニ、○○ちゃんの上を元気に歩くよ」

> **アレンジ**
> ### スケートやスキップも
> 指を早く動かして「走る」、ス〜、ス〜と滑るように動かして「スケート」、飛び跳ねるように動かして「スキップ」など、変化をつけると楽しいです。

※言葉と指の動きが合うようにしましょう。

3 音楽に合わせて触れ合おう

『あたまかたひざポン』を歌いながら、子どもの頭や体、顔などを軽く触りましょう。

> **ことばかけ**
> 「歌に合わせて、触って（動いて）みようね」

1歳　体をやさしくツンツン

> **Point　一緒に動きながら唱える**
> 1歳児は、まだゆっくりとした動作になります。言葉のテンポを、子どもの動きに合わせましょう。

あたまかたひざポン　作詞／不詳　イギリス民謡

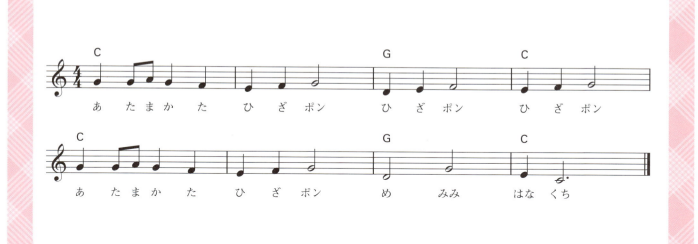

> **アレンジ**
>
> ### 別の曲でも遊んでみよう
> CDやスマートフォンなどで、ルロイ・アンダーソン作曲「シンコペーティッド・クロック」の曲を用意します。その曲に合わせて遊んでみても楽しいでしょう。

『いっぽんばし』でくすぐりっこ

1歳

難易度 ★☆☆

ビート（拍）

ダイナミクスとテンポ

わらべうたならではのリズムが心地よい遊びです。1対1のスキンシップを楽しみましょう。

ねらい
- わらべうたのリズムを楽しむ
- 弛緩と緊張（クライマックスの瞬間）を楽しむ

曲名： いっぽんばし（わらべうた）

遊びの進め方

導入

ことばかけ
「○○ちゃんと先生で手をつなごう。離れたり、近づいたり、楽しいね」

スキンシップを大切に

保育者は足を伸ばして座ります。膝のあたりに、子どもを向かい合わせに座らせます。

体を支えながら、子どもと手を握り合いましょう。腕を伸ばしたり、縮めたり、手のひらをツンツンしたりして、触れ合い遊びを楽しみます。

1 歌に合わせて遊ぼう

基本の動き

緊張	弛緩
かいだんのぼって	こちょこちょ

1 歌に合わせて遊ぼう

保育者と子どもは向かい合って座ります。保育者は子どもの手のひらを左手で支え、やさしく歌いながら右手の人差し指でなぞります。

> **ことばかけ**
> 「○○ちゃんの手のひらに何か描いていくよ。よく見ててね」

1歳 『いっぽんばし』でくすぐりっこ

1 いっぽんばし
手のひらに「1」の線を描きます。
※2番は2本の指で、3番は3本の指で線を描きます。

2 こちょこちょ
手のひらをくすぐります。

3 たたいて
手のひらを1回軽くたたきます。

4 つねって
手のひらを軽くつねります。

5 かいだんのぼって
人差し指と中指を交互に動かして、子どもの左腕を登ります。

6 こちょこちょ
子どもの体を思い切りくすぐります。

いっぽんばし わらべうた

> **Point 動作は大げさに**
> 「かいだんのぼって」の部分は少し"ため"をつくって行います。子どもはくすぐられる瞬間を待ち、盛り上がるでしょう。

> **弾き方のコツ**
> **シンプルな音で**
> 多くの音、大きな音で弾くよりもシンプルな音で弾くほうが効果的。しっかり語りかけるように唱えることが大切です。

カブトムシに変身！

1歳

難易度 ★★☆

ビート（拍）
ダイナミクスとテンポ

子どもたちに人気のカブトムシの歩き方をまねしながら、ハイハイで全身の運動能力を養いましょう。

ねらい
- リズムを唱えながら遊ぶ
- 全身を思い切り動かす

[曲名　カブトムシ
　　　　作詞・作曲／たなかなた]

遊びの進め方

導入

ことばかけ
「昆虫の王様って呼ばれている虫、わかるかな？」

カブトムシの姿を見せて
図鑑や絵本などで、カブトムシを見せます。角の形や足の数、歩く姿などの特徴を伝えて興味をひきつけます。本物のカブトムシを見せられると、なおよいでしょう。

1. カブトムシになって出発！
　基本の動き ♪♪♩ カブトムシ
2. 途中でひとやすみ
3. 再びカブトムシが出発！
　基本の動き ♪♪♩ ひとやすみ

隊形：保育者　子どもは自由に動き回る

1 カブトムシになって出発！

カブトムシのまねをして、ハイハイしながら進みます。

> **ことばかけ**
> 「みんなでカブトムシさんになるよ。どうやって歩くかな？」

> **Point** ことばかけしながら
> 保育者は「カブトムシー、カブトムシー」と唱えながら、子どもと一緒にハイハイで進みます。子ども同士がぶつからないように注意しましょう。

2 途中でひとやすみ

子どもの様子を見ながら、保育者は「ひとやすみ〜」と言って寝転びます。子どもはそれをまねします。

> **Point** 止まるときはゆっくり
> ピタッと急に止まるのではなく、子どもの様子を見ながらゆっくり止まります。ハイハイでぶつからないよう保育者は見守りましょう。

> **ことばかけ**
> 「カブトムシさん、たくさん歩いたら疲れちゃったな。ちょっと休もうかな。ひとやすみ」

3 再びカブトムシが出発！

再び「カブトムシー」と言いながら、ハイハイで進みます。言葉のリズムに合わせて動くようにしましょう。慣れてきたら、『カブトムシ』の曲に合わせて動きましょう。

アレンジ
乗り物や動物にも変身！
カブトムシだけでなく、「ブルドーザー」や「くまさん」など、子どもが好きなものに変身しましょう。動きはハイハイのままで行います。

ことばかけ
「ふぅ〜。ひと休みしたから、元気が出たぞ。もう1回カブトムシさんが動き出すよ」

＊音源は2回繰り返しています。

あくしゅでごあいさつ

1歳
難易度 ★★☆

ビート（拍）
フレーズ

テンポのよい歌に合わせて、お散歩ごっこ。途中で会った友達と楽しくあいさつをしましょう。

ねらい
- ビート感を養う
- 言葉のリズムを楽しむ

[曲名　あくしゅでこんにちは
　　　　作詞／まど・みちお
　　　　作曲／渡辺 茂]

遊びの進め方

導入

ことばかけ
「イチ、ニ、イチ、ニ、元気よく膝を上げてね」

足踏みをしてリズムに慣れよう

まずは『あくしゅでこんにちは』を元気よく歌いながら、その場で足踏みをしてリズムに慣れます。

Point　足踏みを楽しむ

右、左、右、左ときちんと足を揃えることが目的ではありません。「イチ、ニ、イチ、ニ」とリズミカルに唱えながら、腕を元気よく振るなど、足踏み自体を楽しめるようにしましょう。

1 歌いながら体を動かそう

基本の動き
♩　♩　〜
てく　てく

隊形
保育者 ●
　　　・・・
　　　・・・・
途中から2人組になります

1 歌いながら体を動かそう

『あくしゅでこんにちは』を歌いながら、歌詞（言葉）に合わせて体を動かします。

> **ことばかけ**
> 「お散歩していたらお友達に会ったよ。"こんにちは"しよう」

1 【1番】てくてく　てくてく　あるいてきて
自由に歩き回ります。

2 あくしゅで　こんにちは
そばにいる友達と握手をします。

3 ごきげん　いかが
向かい合ったまま、両手をキラキラ振りながら下ろします。

4 【2番】もにゃもにゃ　もにゃもにゃ　おはなしして
口の前で両手をぐにゃぐにゃ動かします。

5 あくしゅで　さようなら　またまた　あした
２③の動きを繰り返します。

> **Point** 言葉（歌詞）ははっきりと
>
> 言葉（歌詞）を一つひとつはっきりと伝えるように意識しましょう。リズミカルな動きにつながります。

あくしゅでこんにちは 作詞／まど・みちお 作曲／渡辺 茂

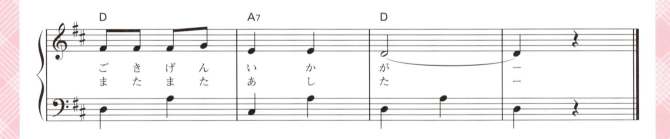

弾き方のコツ

左手は軽く弾むように

てくてくと歩く様子を表現しようとするとき、左手の音は重く、大きく弾かないように気を付けましょう。軽やかに弾むように弾くと楽しい雰囲気になります。

軽く弾む感じで弾く

1歳

難易度 ★★☆

ビート（拍）
フレーズ

ちょうちょうが ヒラヒラ飛ぶよ

身近なちょうちょうが出てくる歌に子どもたちは大喜び。
フレーズに合わせて、楽しく体を動かしましょう。

ねらい
- ビート感を養う
- フレーズを感じとりながら動く

[曲名　かわいいちょうちょう
　　　　作詞・作曲／たなかなた]

遊びの進め方

導入

ことばかけ
「音楽が止まったら、ちょうちょうポーズで止まるよ」

音楽のリズムに合わせて
好きな音楽に合わせて、保育室の中を子どもたちは自由に動き回ります。保育者は途中で「止まった！」と言って曲を止め、子どもたちは部屋のドア、壁などにタッチして止まります。

動きに慣れてきたら、保育者は「ちょうちょうになって止まった！」と言います。子どもたちはちょうちょうのポーズをして止まります。

1 言葉（歌詞）に合わせて動こう

基本の動き
ヒラ　ヒラ　ヒラ

1 言葉（歌詞）に合わせて動こう

保育者と子どもは向かい合います。言葉に合わせて動きましょう。

> **ことばかけ**
> 「○○ちゃんのところにちょうちょうさんが遊びにくるよ」

1歳　ちょうちょうがヒラヒラ飛ぶよ

1 かわいいちょうちょうが
右手をゆっくり差し出します。

2 ヒラヒラヒラ
右手をヒラヒラします。

3 こっちからちょうちょうが
左手をゆっくり差し出します。

4 ヒラヒラヒラ
左手をヒラヒラします。

5 ヒラヒラヒラ　ヒラヒラヒラ
右手、左手の順にヒラヒラします。

6 ヒラヒラちょうちょうが　とまった
両手をヒラヒラしながら、「とまった」のところで子どもの体の一部に触れます。

※2番、3番も同じように行います。

かわいいちょうちょう　作詞・作曲／たなかなた

*音源は2番は少し高めの音域（お星様）で、3番は跳ねる感じ（ウサギ）で演奏しています。

1歳 ゴロゴロ転がろう

難易度 ★★★

ダイナミクスとテンポ

ソルフェージュ

床の上をゴロゴロ転がります。はじめはゆっくりと行い、方向を変えたりしながら全身運動をしましょう。

ねらい
- 動きを通して心と体を弛緩する
- 半音階の進行を聴いて慣れる

遊びの進め方

導入

ことばかけ
「転がるものって何があるかな？ ダンゴムシさん、ボール、おもちゃ…たくさんあるね」

自由に転がろう
床に寝転がります。「ゴロゴロゴロ…」と言いながら、自由に転がりましょう。保育者は周りに危ないものがないか、注意します。

ゴ ロ ゴ ロ ゴ ロ ゴ ロ リン　ゴ ロ ゴ ロ ゴ ロ ゴ ロ リン

(反対へ)

1. 音楽（言葉）に合わせて転がろう
2. 転がる方向を変えよう

基本の動き

隊形

保育者

1 音楽（言葉）に合わせて転がろう

保育者は言葉を唱えながら、子どもと一緒に転がります。回転するときの緊張から、回転したあとの体が弛緩する様子を楽しみます。
「ゴロゴロリン」…寝返りします。
「ゴロゴロゴロゴロリン」…回転して止まります。

> **ことばかけ**
> 「ゴロゴロしたあとは、ストップだよ！」

> **アレンジ**
> ### テンポを変えたり、途中で止まったり
> 速く転がったり、ゆっくり転がったり、転がるテンポを変えましょう。また、ゴロゴロ…の歌詞（言葉）の途中で、転がるのを止めてみましょう。

2 転がる方向を変えよう

音楽に合わせて、フレーズごとに転がる方向を変えましょう。
バラバラの方向に転がると、広いスペースが必要なので、一列に並んで転がるとよいです。

ことばかけ
「音楽が変わったら、転がる方向も変えるよ」

1歳 ゴロゴロ転がろう

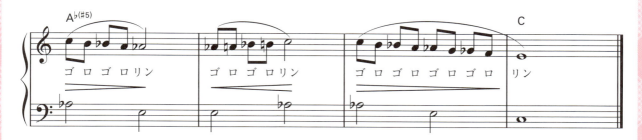

弾き方のコツ

音階の変化に合わせて強弱を
音階が半音ずつ上がっていくときはだんだん強く弾き、下がっていくときはだんだん弱く弾くようにします。

上行するとき　だんだん強く
下行するとき　だんだん弱く

1歳 いろんなところがくっついた！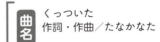

難易度 ★★★

ビート（拍）

ダイナミクスとテンポ

子どもが大好きなくっつきあそび。手やおでこなど、いろんなところをくっつけ合って楽しみましょう。

ねらい
- 緊張と弛緩をコントロールする
- 動きを通してビート感を身に付ける

[曲名　くっついた　作詞・作曲／たなかなた]

遊びの進め方

導入

ことばかけ
「動物さんたちがくっついちゃうよ。あとで先生ともやってみようね」

絵本を読んで
ページをめくるごとに、いろいろな動物がピタッとくっつく姿がかわいい絵本『くっついた』（作／三浦太郎　こぐま社）など、触れ合いが楽しい絵本を読みましょう。「くっついた」のセリフとページをめくるタイミングを合わせると、子どもはますます展開が楽しみになります。

1 音楽に合わせてくっつこう

基本の動き

くっ　つ　い　た

1 音楽に合わせてくっつこう

56ページの曲『くっついた』の歌詞（言葉）に合わせて、手や顔をくっつけます。

ことばかけ
「○○ちゃんのおててと先生のおててが、ピタッとくっつくよ」

Point サビの前は予感する時間に
「くっついた」の歌詞の前の2小節は動きません。くっつく瞬間を予感するための楽しい時間にしましょう。

1歳 いろんなところがくっついた！

1 【1番】おててと おててが
体を左右に揺らします。

2 くっついた くっついた
手と手をくっつけます。

3 【2番】おでこと おでこが くっついた くっついた
体を左右に揺らした後、おでこ同士をくっつけます。

4 【3番】ほっぺと ほっぺが くっついた くっついた
体を左右に揺らした後、頬同士をくっつけます。

5 【4番】おしりと おしりが くっついた
体を左右に揺らした後、おしり同士をくっつけます。

6 みんな くっついた くっついた
お互いにギュッと抱き合います。

くっついた 作詞・作曲／たなかなた

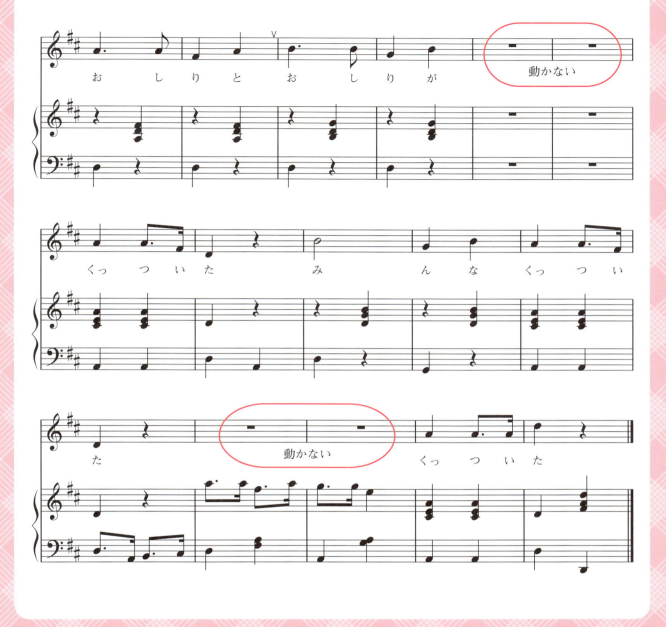

*音源は休符が続くところに、カウントを入れています。

アレンジ
様々なところをくっつけよう

友達と「おなかとおなか」など、体の様々な部分をくっつけ合っても楽しいです。また、1人で行う場合は、「床と手」「壁とおしり」などにしてもよいでしょう。

指さん どーこだ!?

1歳

難易度 ★★★

ビート（拍）
ダイナミクスとテンポ

言葉のリズムと指の動きの重なり合いが楽しい指遊び。大好きな家族を思いながら語りかけるように唱えましょう。

ねらい
- 言葉のビートに合わせて動く
- 目と指の協応力を身に付ける

[曲名　ゆびのうた（Nursery Rhyme）作曲／不詳]

遊びの進め方

導入

指人形や手袋シアター

指や指の動きに興味がもてるよう、指人形や手袋シアターなど、指先に注目が集まる遊びを見せましょう。子どもの人数に合わせて、見やすい位置や並び方で行います。

ことばかけ
（指人形などをつけて）「みんな、こんにちは！一緒に遊ぼうね」

1. 対話風に指を動かそう
2. 音楽に合わせて指を動かそう

基本の動き
リズミカルに指を動かす

1 対話風に指を動かそう

保育者も子どもも、両手を開いて前に出します。保育者が「お父さん指さーん」と呼びかけたら、子どもたちは「こんにちは」と親指をピクピク動かします。他の指も順番に行います。

> **ことばかけ**
> 「お父さん指から順番に、ごあいさつするよ」

1歳　指さんどーこだ!?

> **Point　指はテンポよく動かして**
> 保育者はリズミカルに指を動かしましょう。子どもはまねをしながら、目と指の協応動作になじんでいきます。慣れてきたら少しスピードアップしましょう。

人差し指　　中指　　薬指　　小指

2 音楽に合わせて指を動かそう

『ゆびのうた』の歌詞に合わせて指を動かします。

> **ことばかけ**
> 「おてての家族が、歌に合わせて出てくるよ」

  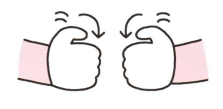

1　おとうさんゆび　おとうさんゆび　どこでしょう
両方の手のひらを開き、左右に揺らします。

2　ここです　ここです
右手の親指、左手の親指を向かい合うように順番に立てます。

3　こんにちは
両方の親指をおじぎするように傾けます。人差し指から小指まで順番に行います。

ゆびのうた (Nursery Rhyme) 作曲／不詳

Point リズムにのって体を動かして
アメリカの伝承的な遊び歌です。指先だけでなく、体全体で表現しましょう。楽しみながら演じる保育者の姿を見て、子どもは積極的に体を動かします。

Point 保育者がやさしく語りかけを
1歳はまだうまく歌を歌えないので、保育者が語りかけるように唱えましょう。はじめは一語一語をはっきりと伝えることが大切です。

2歳の リトミックのテーマ

- 指さんこんにちは
- ゾウさんのおさんぽ　CD 6
- ゆ～らりゆらり　CD 7
- ぶんぶんぶん
- どうぞ ありがとう
- ゴー&ストップで遊ぼう　CD 8
- げんこつやまのたぬきさん
- ブルブル～パッ!　CD 9
- 大きなたいこ　CD 10 11

指さんこんにちは

2歳
難易度 ★☆☆

ビート（拍）
リズム・パターン

手に興味をもつ子どもたちにぴったりの指遊び。大好きなお母さんなど、家族を思い浮かべて遊びましょう。

ねらい
- 指遊びに親しむ
- 言葉と動きの重なりを楽しむ

[曲名　ゆびさんこんにちは　作詞・作曲／たなかなた]

遊びの進め方

導入

ことばかけ
「先生におててをしっかり見せてね。（指を差しながら）この指はお父さんだよ」

指の名前に興味がもてるように

保育者と子どもは向かい合います。両手の指をしっかり開いて、前に突き出します。親指はお父さん、人差し指はお母さん…というように、順番に指の名前を言います。

1 歌いながら指を動かそう

基本の動き
こん にち は

1 歌いながら指を動かそう

歌と一緒に親指から順番に動かしていきます。
「おかあさんゆび」〜「あかちゃんゆび」まで同じように行います。
「♪みんなで こんにちは」…5本の指の間をくっつけて、手首から前に曲げておじぎするようにします。

ことばかけ
「ゆびさんの家族がご挨拶するよ。みんなもこんにちは！って言えるかな」

Point 指によって声色を変えても
「こんにちは」の挨拶では、お母さんや赤ちゃんなど、人物によって声を変えると盛り上がります。

2歳 指さんこんにちは

① 【1番】おとうさんゆび
親指同士を3回くっつけます。

② こんにちは
そのまま向き合うよう曲げます。同じく「おかあさんゆび」（人差し指）〜「あかちゃんゆび」（小指）まで順番に ①② を行います。

③ ……みんなで こんにちは
5本の指の間をくっつけます。手首を曲げておじぎするようにします。

④ 【2番】おとうさんゆび グーグーグー
親指を出し、指を3回前に突き出します。

⑤ おかあさんゆび スイッチチョン
人差し指を出し、スイッチを3回押すしぐさをします。

⑥ おにいさんゆび エヘヘ
中指を出し、鼻の下を3回こするしぐさをします。

⑦ おねえさんゆび くちべによ
薬指を出し、くちびるを3回なぞります。

⑧ あかちゃんゆび おやくそく
小指を出し、指切りを3回するしぐさをします。

⑨ みんなで バイバイバイ
5本の指を開いて出し、3回手を振ります。

Point 手遊びを通じて穏やかな関係を

ことばと指の動きを合わせるようにしましょう。2歳の子どもはまだことばを自由に操れないため、保育者はやさしくリズミカルに語りかけましょう。

アレンジ まずはテンポをゆっくりと

指を自由に動かせない子どもには、無理のない速さで歌いましょう。何回か繰り返すうちに、"目と手の協応"のセンスが刺激され、少しずつ動かせるようになります。

ゆびさんこんにちは　作詞・作曲／たなかなた

2歳 ゾウさんのおさんぽ

難易度 ★☆☆

ビート（拍）

ダイナミクスとテンポ

のっしのっし…ゾウさんがお散歩する姿を思い浮かべて動きましょう。みんなで「ひとやすみ」も楽しいひととき。

ねらい
- ゆっくりしたリズムを楽しむ
- コミュニケーションを楽しむ

[曲名　ぞうさんのおさんぽ　作詞・作曲／たなかかなた]

遊びの進め方

導入

ことばかけ
「ここは○○動物園だよ。どんな動物に会えるかな？」

さまざまな動物に変身
ゾウやイヌ、サルやネコなど、子どもたちに身近な動物のまねをします。動きや鳴き声などを、保育者も一緒に楽しみましょう。

1 ゾウになって歩こう

基本の動き：♩のリズム

2 「ひとやすみ」で寝転ぼう

基本の動き：力を抜いて脱力（弛緩）

隊形
保育者

1 ゾウになって歩こう

音楽に合わせて、保育者は子どもと一緒にハイハイをします。歌いながら、ゆっくりと好きな方向に歩きましょう。

ことばかけ
「体が一番大きな動物…そう、ぞうさん！ ぞうさんになってゆっくり歩こう」

ぞうさんのおさんぽ　作詞・作曲／たなかなた

＊音源は **2** の活動「ひとやすみ」の音楽を加えています。P66「ぞうさんのおさんぽ」-「ひとやすみ」を2回繰り返しています。

2 「ひとやすみ」で寝転ぼう

「♪ちょっとここらで　ひとやすみ」の歌詞の後、床に寝転んでひと休みします。少し休んだら、繰り返しゾウさん歩きを楽しみます。

ことばかけ
「ぞうさんはお散歩でちょっと疲れちゃったみたい…ひと休みしようか」

アレンジ

動くきっかけの音楽を加えて

下の楽譜を前奏、後奏に用いましょう。ひと休みの後にこの音楽が聴こえたら、再び動きはじめます。弱く弾いて「小さなゾウさん」、強く弾いて「大きなゾウさん」としても楽しいです。

2歳 ゆ～らりゆらり

難易度 ★★☆

ビート（拍）

ダイナミクスとテンポ

揺れる動きを楽しむ遊びです。友達と一緒に揺れたり、回ったりして、音楽の違いを楽しみましょう。

ねらい
- スウィングの動きを楽しむ
- 強い／弱いを感じる

用意するもの
・テープ（タオルや紐でもよい）

曲名 あかいおはな
作詞・作曲／たなかなた

遊びの進め方

導入

ことばかけ
「右…左…右…左…先生のまねをしてゆっくり揺れてみよう」

保育者のまねをして揺れよう

保育者は子どもたちの前に立ちます。右、左…というように、立ったまま、ゆっくりと体を左右に揺らします。子どもたちは保育者の動きをまねします。

↓

慣れてきたら、隣の友達と手をつないで、ゆっくり揺れます。だんだん人数を増やしていってもよいでしょう。

1. 友達とフープを持とう
2. フープを持って駆け足しよう
3. 歌に合わせて揺れよう

基本の動き
♩ のリズム

1 友達とフープを持とう

立ったまま、2人でフープを持ちます（フープの代わりに、タオルや紐を持っても可）。「ゆ～らり、ゆらり」と言いながら、みんなで一緒に体を揺らします。

> **ことばかけ**
> 「ゆ～らり、ゆらり。お友達と一緒に揺れてみよう」

Point 重心の移動を意識して

揺れるときは、膝の上下屈伸をうまく用いながら、重心を左右（交互）に移動させることが大切。重心の移動によって、ゆったりとしたリズムを感じることができます。

ゆ～らり　　ゆらり

2 フープを持って駆け足しよう

フープを持ったまま、駆け足（または歩く）をしましょう。保育者は、子ども同士がぶつからないよう注意します。慣れてきたら、止まる、走る、スキップする、駆け足する、くるくる回るなどの動きを組み合わせても楽しいでしょう。

> **ことばかけ**
> 「お友達とぶつからないようしっかり前を見てね」

3 歌に合わせて揺れよう

子どもたちは、フープの中に入って花になります。保育者の歌声に合わせて揺れましょう。駆け足の音楽が聴こえたら、フープを置いてその周りをクルクル走ります。歌の途中で止まるを加えても楽しいです。

アレンジ

大人数ならフープなしでOK

人数が多いときはフープを使わなくてもOK。「両手を広げながら、左右に揺れる」という動きに代用しても楽しめます。

あかいおはな　作詞・作曲／たなかなた

揺れる　フープの中で、お花になって揺れる

あかい　あかい　きれいな　おはな　ゆらり　ゆらり　ゆれてい　る

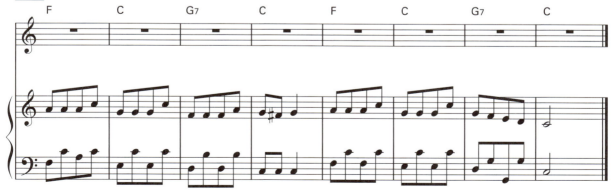

走る　ここから、フープの周りを駆け足でクルクル回る

＊音源は揺れる―走る―揺れるの後に、「止まる」を入れた「走る」音楽を加えています。

2歳 ぶんぶんぶん

難易度 ★★☆

拍子
形式

2拍子と3拍子の音楽の違いを聴き分ける遊びです。人数を増やしながら楽しく体を動かしましょう。

曲名
ぶんぶんぶん
作詞／村野四郎
ボヘミア民謡

曲名
あるこう①②
作詞・作曲／たなかなた

ねらい
- 拍子に合わせて動く
- 拍子の違いを聴き分ける

遊びの進め方

導入

ことばかけ
「ハチさんになって飛びましょう」

音楽に合わせて動こう＆歌おう

『ぶんぶんぶん』に合わせて歌いながら、体を動かしましょう。

1 ぶんぶんぶん はちがとぶ
ハチが羽をパタパタしながら飛ぶしぐさをします。

2 おいけのまわりに のばらがさいたよ
手を上に伸ばして、キラキラしながらその場で一回りします。
❶を繰り返します。

※2番は（）の歌詞で歌いましょう。

1 合図で2人組になろう
2 2人組で歩こう
3 3人組で歩こう

2人組 スキップ → 2人で歩く → 3人組 スキップ → 3人で歩く
スキップ → 2人で歩く → …
違う人と2人組に

1 合図で2人組になろう

音楽に合わせてスキップをします。途中で保育者は「2人」と言います。人数が聞こえたら、子どもたちは近くにいる子と2人組になって座ります。

ことばかけ
「先生が途中で"何人！"って言うから、お友達とその人数で座ってね」

2歳　ぶんぶんぶん

Point　人数次第で保育者も加わって

2人組になれない人数の場合は、保育者も一緒に加わって遊びます。うまく声をかけられない子のサポートなども行いましょう。

※終わるときは、（　）の音は弾きません。

2 2人組で歩こう

1で2人組になった子どもたちは手をつなぎます。下の2拍子の音楽に合わせて一緒に歩きましょう。

ことばかけ
「音楽に合わせて歩くよ。手を離さないで仲良くね」

弾き方のコツ

子どもたちの様子を見ながら

♩のテンポが速くなりすぎないように、♩は短めに弾きましょう。2人で息を合わせて歩けることをめざしましょう。

スキップ　→　2人で歩く

あるこう① 作詞・作曲／たなかなた

3 3人組で歩こう

71ページの音楽に合わせてスキップをします。途中で保育者が「3人」と言います。合図が聞こえたら、近くにいる子と3人組になります。下の3拍子の音楽に合わせて3人で手をつないで歩きましょう。難しい場合は、輪になって揺れてもよいです。

ことばかけ
「次は3人になるよ。3人で一緒に歩けるかな」

Point 時間はゆとりをもって

2人組や3人組をつくるときは、ある程度の時間をとります。「〇〇ちゃんたちはあと1人だね」「〇〇ちゃんが1人だよ」など、声をかけて子ども同士が手をつなげるようにしましょう。

2歳 ぶんぶんぶん

あるこう② 作詞・作曲／たなかなた

2歳 どうぞ ありがとう

難易度

ビート（拍）

ダイナミクスとテンポ

言葉を伴いながら、リズミカルにボールを渡します。保育者や友達との触れ合いを楽しみましょう。

ねらい
- ビートを楽しむ
- 言葉のリズムを体感する

用意するもの
・ボール（ぬいぐるみなどでも可）

| 曲名 | どうぞ ありがとう
作者不詳 |
| 曲名 | かけあしラララン
作詞・作曲／たなかなた |

遊びの進め方

導入

ことばかけ
「"どうぞ"でボールを渡すよ」

「どうぞ」「ありがとう」でボールを渡そう

保育者と子どもは向かい合います。子どもは「どうぞ」と言いながら、保育者にボールを渡します。保育者は受け取ったボールを「ありがとう」と言いながら、子どもに戻します。

Point 最初の言葉で渡す

「どうぞ」の「ど」と、「ありがとう」の「あ」でボールを渡しましょう。音楽とのタイミングが合いやすくなります。

1 音楽に合わせてボールを渡そう
2 ボールを持って走ろう

基本の動き
♩ のリズム

1 音楽に合わせてボールを渡そう

音楽に合わせて、ボールを順番に渡し合います。保育者はAあるいはBを適宜歌いましょう。リズミカルなやりとりを楽しみましょう。

ことばかけ
「○○ちゃんがボールを渡したら、次は先生が○○ちゃんに渡すよ」

2歳 どうぞ ありがとう

Point 「どうぞ」の前に息を吸って
「どうぞ」と唱える前に、息を吸うことが大切です。その息を吸う動作が、音楽的なセンスを育みます。

アレンジ 子ども同士で行おう
友達とのボールの渡し合いは楽しいもの。はじめはゆっくり様子を見ながら行いましょう。

どうぞ ありがとう　作者不詳

2 ボールを持って走ろう

駆け足の音楽が聴こえたら、ボールを持ったまま自由に走ります。保育者はボールを持って子どもが走る様子を見守りましょう。

ことばかけ
「（子どもの様子を見ながら）駆け足駆け足…慌てないでね」

Point 音楽の違いを識別しよう

1で使用する『どうぞありがとう』と、駆け足の曲調は異なります。音楽の違いを識別できているか見守りましょう。

弾き方のコツ

スタッカートで弾く

テンポが速くなり過ぎないようにスタッカートで弾きましょう。子どもの走るテンポに合わせて、「かけあしかけあし…」「ラララララーン…」と声を添えるとよいでしょう。

かけあしラララン 作詞・作曲／たなかなた

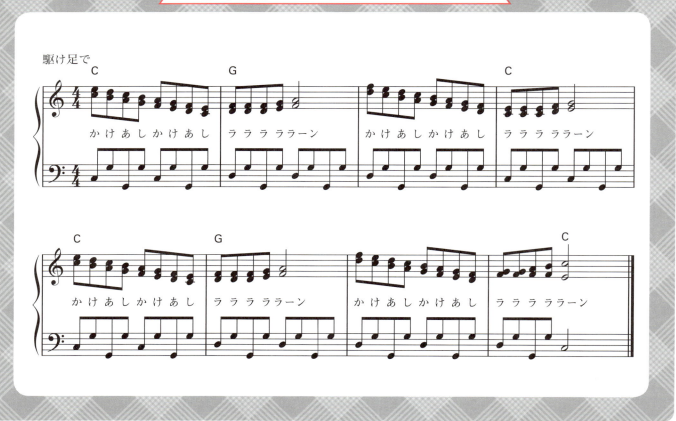

2歳 ゴー&ストップで遊ぼう

難易度 ★★☆

ビート（拍）
ダイナミクスとテンポ

音楽のビートに合わせて手をたたきます。音楽がいつ止まるのか、始まるのか…予感することを楽しみます。

ねらい
- ビートにのって手をたたく
- 音楽の休止にすぐに反応する

用意するもの
・カード

曲名 手をたたきましょう
作詞／小林純一
チェコ民謡

遊びの進め方

導入

ことばかけ
「音楽に合わせて手をたたくよ。大きく手を動かしている子もいるね」

音楽に合わせて動こう

好きな音楽に合わせて、はじめは手をたたきます。両腕で円を描くようにたたきましょう。

次に好きな方向に歩きます。つま先から歩くようにしましょう。慣れてきたら、手をたたきながら歩いてみましょう。止まることは意識せず、音楽に合わせて動くことを楽しみます。

1. 音楽に合わせて手をたたこう
2. 音楽に合わせて歩こう
3. 2人で並んで歩こう

基本の動き：歩く／ストップ／歩く

隊形：保育者

1 音楽に合わせて手をたたこう

音楽に合わせて手をたたきます。保育者はカードを1枚、子どもに見えるように掲げ、ビートとともに揺らします。途中でカードを下ろしたら、子どもは手をたたくのをやめます。

> **Point** 保育者は動きをはっきりと
>
> カードの動きが見やすいよう、保育者は手の位置や体の向きに注意します。幼児がカードの変化（上下）を予感できるように、フレーズのまとまりを大切にして、カードを上げたり下げたりしましょう。4拍目に行うとよいです。

ことばかけ
「先生がカードを上げたり下げたりするよ。見ながら手をたたこう」

手をたたきましょう　作詞／小林純一　チェコ民謡

＊音源はランダムに「止まる」を入れています。

2 音楽に合わせて歩こう

音楽に合わせて歩きます。音楽が途中で止まったら、ピタッと止まります。

ことばかけ
「今度は好きな方向に歩くよ。音楽が止まったらストップだよ」

アレンジ

ストップでポーズ！

音楽が止まって、歩くのを止めるとき、好きなポーズをとるようにしましょう。両手を上げる、片足で立つ、面白い表情をする…など盛り上がります。

3 2人で並んで歩こう

友達とペアになって歩きます。まねされる子（A）とまねする子（B）を決めて、Aが音楽に合わせて止まったり動いたりします。Bはその動きをまねして、遊びを繰り返します。

ことばかけ
「Aちゃんが止まったら、Bちゃんも止まるよ」

アレンジ

2人で手をつないで

ペアで両手をつなぎます。音楽に合わせてゆったりと揺れます。音楽が止まったら、2人一緒に止まります。繰り返し遊びます。

♩ のリズムで揺れる

2歳 げんこつやまの たぬきさん

難易度 ★★★

ビート（拍）
フレーズ

わらべうた特有のシンプルなメロディーで遊びましょう。
リズミカルなジェスチャーに子どもたちも大喜びです。

ねらい
- ビートのうねりを楽しむ
- 保育者とスキンシップをとり心の安定をはかる

[曲名　げんこつやまのたぬきさん（わらべうた）]

遊びの進め方

導入

ことばかけ
「ジャンケンって知ってる？　グー、チョキ、パー。まねっこしてみよう」

ジャンケンごっこ

2歳児はまだうまくジャンケンができません。ここでは、「ジャンケン、ポン」と唱えながら、ジャンケンのまねを楽しみます。保育者と子どもで行いましょう。

1　歌に合わせて動こう

基本の動き

♩のリズム → ♩のリズム → ♩♩♩ ジャンケンポン

1 歌に合わせて動こう

保育者と子どもは向かい合って座ります。『げんこつやまのたぬきさん』に合わせて動きましょう。

ことばかけ
「まずは両手を握って。トントントンだよ」

2歳 げんこつやまのたぬきさん

① げんこつやまのたぬきさん
両方の手を握り、歌に合わせて上下にトントン重ね合わせます。

② おっぱいのんで
両手を口元に当てて、おっぱいを飲むしぐさをします。

③ ねんねして
両手を合わせて片方の頬につけ、眠るしぐさをします。

④ だっこして
両手を前に抱えるようにしてだっこのしぐさをします。

⑤ おんぶして
両腕を後ろに回して、おんぶのしぐさをします。

⑥ またあし
両手をぐるぐる回します。

⑦ た
ジャンケンをします。

アレンジ
膝の上に子どもを座らせて
動きが難しい場合は、保育者の膝の上に子どもを座らせて、後ろから保育者が手を添えて遊びましょう。

Point ジャンケンまでの動きを楽しむ
ジャンケンで勝ち負けを競うのではなく、腕をぐるぐる回すなどのリズミカルな動きを楽しみます。速く唱えたり、ゆっくり唱えたりして、テンポの変化を感じましょう。

げんこつやまのたぬきさん わらべうた

アレンジ

5〜6歳の子どもの場合

3つのパートに分かれて、カノン（輪唱）で歌って（動いて）みましょう。

2歳 ブルブル〜パッ！

難易度 ★★★

ビート（拍）
ダイナミクスとテンポ

CD 9

「ブルブル〜パッ！」と唱えながら動きます。言葉と動きのつながりを感じながら、音の動と静を楽しみましょう。

ねらい
- 言葉のリズムと動きを楽しむ
- 音の「動と静」を楽しむ

用意するもの
・長い紐（ロープ、ゴム紐など）

遊びの進め方

導入

ことばかけ
「お友達と手をつないで動いてみよう。どんな風に動けるかな」

友達と手をつないで
2、3人で手をつなぎます。保育者が歌う即興の歌（ラララ〜など）に合わせて揺れましょう。2人組、3人組が難しいときは1人でもOK。保育者のまねをしてみましょう。保育者は、腕を上げたり下げたり、しゃがんだり、自由に動きます。友達の腕を力いっぱい引っ張らないよう、見守りましょう。

1. 紐を持って揺らそう
2. パッ！で動きを止めよう
3. 紐を持ったまま歩こう
4. 紐を持ったまま走ろう

基本の動き
ラン ラン ラン ラン

隊形
保育者

1 紐を持って揺らそう

長い紐を用意し、2、3人で持ちます。「ブルブルブル〜」と全員で唱えながら、紐を揺らします。持ちにくそうにしている子には、保育者が手本を見せましょう。

> **ことばかけ**
> 「ブルブルブル〜の合図で、一緒に紐を揺らすよ」

> **Point 揺らし方は自由！**
> 紐は、上下左右、自由に揺らします。揺らす幅は、他の友達が紐を持つ手が離れない程度にし、はじめは小さく揺らしましょう。

ブ ル ブ ル ブ ル ブ ル

2 パッ！で動きを止めよう

保育者は「パッ！」と合図を出します。子どもたちは、紐を揺らしていた手を一斉に止めます。慣れてきたら、85ページび音楽に合わせて 1、2 を行います。

> **ことばかけ**
> 「先生がパッと言ったら、揺らすのを止めるよ」

> **アレンジ**
> **止まるときにポーズをつけて**
> 慣れてきたら、合図で紐を止めるだけでなく、好きなポーズをとります。一緒に両手を上げる、しゃがむ…など友達と協力してポーズをとっても楽しいです。

文字の大小と同じように、声の大小を変えてみましょう。

ブルブル〜〜〜〜〜〜〜〜パッ！（休み）

ブルブルブル〜〜〜〜〜〜パッ！（休み）

ブルブルブルブル〜パッ！（休み）

ブルブルパッ！（休み）ブルブルパッ！（休み）

ブ ル ブ ル ブ ル ブ ル 〜 　 パッ！

3 紐を持ったまま歩こう

音楽に合わせて、2、3人で紐を持ったまま、「ランラン…」と唱えながら歩きましょう。途中で音楽が止まったら、全員で「パッ！」と言って好きなポーズで止まります。

ことばかけ
「音楽が止まったら、かっこいいポーズ、かわいいポーズで止まってね」

Point 紐の形の変化を楽しむ

「パッ！」と止まったときに紐の形が変わります。その形の変化を一緒に楽しみましょう。

2歳 ブルブル〜パッ！

＊音源は「ブルブル」ー「歩く」ー「ブルブル」の順で、ポーズのところにカウントを入れています。

4 紐を持ったまま走ろう

3と同じように、音楽に合わせて動きます。ランラン…のところは、紐を持ったまま走り回ります。「パッ！」のところでは好きなポーズで止まります。

> **ことばかけ**
> 「紐を持って走るよ。お友達にぶつからないよう気を付けましょうね」

アレンジ
動きを組み合わせると楽しい

走る→止まる→歩く→止まる→歩く→止まる、ときにはスキップなど、動きに変化をつけましょう。音の緩急を感じることで遊びが盛り上がります。

> **Point　しっかり止まれるようになるには**
>
> ことばと動きを重ね合わせることが大切です。特に、はじめのうちはことばが速くなりすぎないよう、保育者は明瞭に「ブルブル〜…パッ！」と唱えましょう。慣れてくると、音楽を聴いて止まれるようになります。

2歳 大きなたいこ

難易度 ★★★

ダイナミクスとテンポ
フレーズ

CD 10
CD 11

たたく力の加減によって、音の変化が楽しめる太鼓遊び。元気よく歌いながら、全身をいっぱいに動かします。

ねらい
- 言葉のリズムを楽しむ
- 音の強弱（ダイナミクス）を楽しむ

用意するもの
・太鼓（または、段ボールにクラフトテープで目張りをしたもの）

[曲名] トントントン
作詞・作曲／たなかなた

[曲名] 大きなたいこ
作詞／小林純一
作曲／中田喜直

遊びの進め方

導入

合図が聞こえたらポーズ！

保育者は、タンブリン（またはウッドブロック）を弱くたたきます（♩♩♩♩〜）。子どもはリズムに合わせて歩きましょう。途中で、合図を入れます。合図が大きな音だったらガッツポーズを、小さな音だったらしょんぼりポーズをしましょう。

ことばかけ
「合図の音が大きいか小さいかでポーズが変わるよ」

1. 太鼓をたたこう
2. 駆け足しよう
3. 歌に合わせてたたくしぐさをしよう

基本の動き／隊形

1 太鼓をたたこう

みんなで太鼓を囲んで、音楽に合わせて「トントントン」と唱えながら、手のひらで一緒にたたきます。

ことばかけ
「みんなで一緒にトントントンと太鼓をたたくよ」

アレンジ
太鼓の代わりにひと工夫

太鼓がないときは、段ボールで丸い枠をつくり、クラフトテープを対角線に貼ると、立派な太鼓に変身！色を塗るなどカラフルに仕上げて、楽しくたたきましょう。

トントントン　作詞・作曲／たなかなた

CD 10

＊音源はP88「トントントン」－P89「駆け足」の後に2曲をミックスしたものを入れています。

2 駆け足しよう

音楽が聴こえたら、部屋の中を自由に駆け足します。『トントントン』の音楽が聴こえたら、すぐに太鼓に戻ってたたきましょう。

ことばかけ
「"トントントン"の歌になったら、太鼓をたたきにきてね」

弾き方のコツ
♩と♪のテンポをそろえて

トントントン（4分音符）のテンポと、駆け足（8分音符）のテンポをそろえるように弾きます。駆け足は少し弱めにスタッカートで弾くとよいです。

2歳　大きなたいこ

駆け足（少し弱めに。スタッカートで）

3 歌に合わせてたたくしぐさをしよう

『大きなたいこ』を歌いながら、太鼓をたたくしぐさをします。

> **Point** 太鼓の大きさの違いを表現
> 大きな太鼓「ドーン」と、小さな太鼓「トントントン」の動きは、空間の広さの違い（大きい＝広い、小さい＝狭い）で表現しましょう。

① おおきなたいこ
両手で大きな丸をつくります。

② ドーンドーン
両手で太鼓をたたくしぐさをします。

③ ちいさなたいこ
両手で小さな丸をつくります。

④ トントントン
小さな太鼓をたたくしぐさをします。

⑤ おおきなたいこ ちいさなたいこ
❶と❸の動きをします。

⑥ ドーンドーン トントントン
❷と❹の動きをします。

大きなたいこ　作詞／小林純一　作曲／中田喜直

3歳のリトミックのテーマ

- 並んでついていこう　CD⑫
- お隣さんをツンツン　CD⑬
- 「ティティター」のリズムをたたこう
- フープにポン　CD⑭
- おうまでストップ＆ゴー
- 手を温めよう
- 手合わせパッチン
- まねっこ遊び　CD⑮
- 『アルプス一万尺』で手合わせ　CD⑯⑰
- 伸びて縮んで　CD⑱
- 『アイ・アイ』でおさるさんごっこ

並んでついていこう

3歳
難易度 ★☆☆

ビート（拍）
ダイナミクスとテンポ

音楽に合わせて、前の人について歩きます。途中で聴こえてくる合図の音は、高いかな？ 低いかな？

ねらい
- ビートを感じながら体を動かす
- 音の高低を聴き分ける

遊びの進め方

導入
息を合わせて歩こう
2人組をつくり、後ろの子どもは前の子どもの肩に手を置きます。息を揃えて「イチ、ニ、イチ、ニ」と言いながら歩きます。慣れてきたら、音楽をかけたり、前後を交替したりして遊びましょう。

アレンジ
保育者と一緒に
子ども同士では難しい場合は、保育者が先頭になって歩きましょう。または、フープや紐などを使ってもよいです。

ことばかけ
「イチ、ニ、イチ、ニ。息を合わせて歩こう」

1. 一列に並んで歩こう
2. 高い音で先頭の子が移動しよう
3. 低い音で反対向きに歩こう

基本の動き（高い音／低い音）

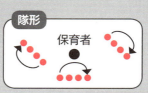
隊形／保育者

1 一列に並んで歩こう

3～4人でグループになり、一列に並びます。音楽に合わせて、みんなで連なって歩きます。

ことばかけ
「先頭の子は音楽に合わせてあちこち歩くよ。後ろの子たちは離れないように歩くよ」

Point　歩くスピードや方向に注意

先頭の子どもが速足で歩くと、後ろの子どもたちがついていけず、駆け足になってしまいます。駆け足にならないテンポではじめましょう。保育者は他のグループとの間隔などに注意して見守りましょう。慣れてきたら、列と列を交差して歩いても楽しいです。

3歳　並んでついていこう

＊音源は2回目はP94の高音の合図－P95の低音の合図－ミックスした合図を入れています。

2 高い音で先頭の子が移動しよう

途中で高い音が聴こえたら、先頭の子どもが最後尾に移動します。

ことばかけ
「先頭の子が後ろに移ったら、2番目の子が先頭になるよ」

Point 戸惑っている子どもには
音がうまく聴き取れないなど、どう動いていいかわからない子どもには、保育者がサポートしましょう。

3 低い音で反対向きに歩こう

途中で低い音が聴こえたら、全員が体の向きを変え、反対向きに歩きましょう。

ことばかけ
「低い音が聴こえたら、全員後ろを向いて歩くよ」

Point アクセントはフレーズの区切りで入れよう

アクセント（高い音、低い音）は、フレーズのまとまりを失わないようにタイミングを見て入れるようにします。子どもがアクセントが聴こえるのを予感できるように促しましょう。3拍目、あるいは4拍目にアクセントを入れると効果的です。

アクセントはここに入れる（または4拍目）

3歳 お隣さんをツンツン

難易度 ★☆☆

ビート（拍）
ダイナミクスとテンポ

かわいい小鳥さんが、お隣の友達にツンツン話しかけます。左右の手を交替して、繰り返しましょう。【あ】

ねらい
- 即時反応を楽しむ
- 友達とのスキンシップを楽しむ

[曲名　小鳥の歌　作曲／芥川也寸志]

指導の進め方

導入

ことばかけ
「先生が言った場所を聞いて、お友達の体にやさしくタッチしよう」

友達の体にタッチしよう

2人組になり、向かい合って座ります。自分の膝をトントントン…とたたきます。途中で保育者が「肩」と言ったら、お互いの肩を触ります。手、頭、頬、お腹…など、いろいろなところを触り合いましょう。強くたたきすぎないよう、保育者は力加減などに注意して見守ります。

1　小鳥のくちばしをつくろう
2　1人でギャロップ

基本の動き「替えて」

1 小鳥のくちばしをつくろう

子どもたちは輪になります。左の手のひらを上にして出し、右手で小鳥のくちばしの形をつくり、右隣の子の左手をツンツンと突きます。左手はなるべく動かないようにしましょう保育者の「替えて」の合図で、左右の手を交替して繰り返します。

ことばかけ
「見てごらん、小鳥さんのかわいいくちばしだよ」

アレンジ
慣れるまでは2人組で

いきなり輪になって行うのが難しい場合は、2人組からはじめましょう。保育者が加わったり、子どもの位置を入れ替えたりすると次第に楽しめるようになります。

3歳 お隣さんをツンツン

小鳥の歌　作曲／芥川也寸志

＊音源はP97「小鳥の歌」−P98ギャロップ（ニ長調に移調）−「小鳥の歌」

2 1人でギャロップ

小鳥のくちばしで行う「ツンツン」の動きは、慣れるまで緊張感が伴います。気分をリフレッシュするためにも、ギャロップ（馬が走るような動き）で動いてみましょう。

弾き方のコツ

音楽を聴き分けられるように

ギャロップのリズムは、弾むように軽やかに、音を短めに弾きましょう。ここでは、ギャロップの音楽と、ツンツンの音楽を聴き分けることが大切です。

ことばかけ
「パッカパッカ、お馬さんになって走るよ」

3歳 「ティティター」のリズムをたたこう

難易度 ★☆☆

ビート（拍）
ダイナミクスとテンポ

「ティティター」のリズムを体験します。音楽に合わせ、途中でリズムが変わっても、ティティターを続けます。

ねらい
- ビートにのる
- 同じリズムをたたく（オスティナートのリズムを楽しむ）

[曲名 おもちゃのチャチャチャ　作詞／野坂昭如　作曲／越部信義]

遊びの進め方

導入

ティティターのリズムに親しもう

♫♩（ティティター）のリズムを唱えながら、手や肩を触りましょう。

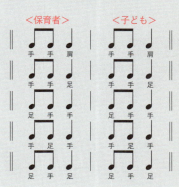

ことばかけ
「先生の後に続いて"ティティター"のリズムを言ってね」

1. ティティターのリズムでたたこう
2. 歌詞に合わせてたたこう
3. 振りを付けながら踊ろう

基本の動き

ティ ティ ター

隊形

保育者

1 ティティターのリズムでたたこう

保育者のことばかけに合わせて、「ティティター」のリズムで手をたたきます。

ことばかけ
「"ティティター" と言いながら手をたたいてね」

Point ティティターの部分をはっきりと

はじめは音楽を使わず、保育者は「ティティター」とリズムを唱えながらたたきます。保育者の言葉がしっかり聴こえると、子どもは手の動きがリズムに合わせやすくなります。

ティ ティ ター

2 歌詞に合わせてたたこう

子どもと一緒に『おもちゃのチャチャチャ』を歌います。歌いながら、「チャチャチャ」のところで手をたたきます。

ことばかけ
「次は歌いながら手をたたくよ。チャチャチャと3回たたこう」

弾き方のコツ

歌のリズムを楽しむことから

ティティターの手拍子にとらわれすぎずに、「おもちゃのチャチャチャ」のリズムを楽しむことが大切です。音楽の流れを失わないように弾きましょう。

3 振りを付けながら踊ろう

歌詞に合わせて体を動かしましょう。はじめと最後の歌詞「おもちゃのチャチャチャ　おもちゃのチャチャチャ　チャチャチャおもちゃのチャチャチャ」の部分は、2 と同じく歌いながら手をたたきます。

ことばかけ
「最初はゆっくり踊ってみるよ」

1 そらにキラキラおほしさま
両手を上げて、キラキラ動かします。

2 みんなすやすやねむるころ
両手を頬に添えて眠るしぐさをします。

3 おもちゃははこをとびだして
しゃがんだポーズから飛び跳ねる動きをします。

4 おどるおもちゃのチャチャチャ
くるっとひと回りして、「チャチャチャ」のところで下から上へ向かって3回手をたたきます。

Point 振りはメリハリをつけて
一つ一つの動作を大きくはっきりと表現するようにしましょう。「チャチャチャ」で手をたたくことだけに意識がいかないよう、楽しく踊ることが大切です。また、手をたたくときは、右、下、上、左などいろいろな位置でたたくと盛り上がります。

3歳 フープにポン

難易度 ★☆☆

ビート（拍）
ダイナミクスとテンポ

用意するもの
・フープ

リズミカルな音楽に合わせ、フープに入ります。着地する前の動き（緊張）と着地の瞬間（弛緩）を楽しみます。

###
- 跳ぶ楽しさを味わう
- 緊張と弛緩を楽しむ

遊びの進め方

導入

ことばかけ
「雨が降った後、地面にできるのは何かな？ そう、お部屋に水たまりがたくさんできたよ」

水たまりに見立てて
保育室のあちこちにフープを置きます。並べたフープを水たまりに見立てて、のぞき込んだり、入ったりして遊びましょう。

1. ジャンプしてフープに入ろう
2. 音楽に合わせてジャンプしよう

基本の動き

ジャンプ／ポン

隊形

保育者

1 ジャンプしてフープに入ろう

ポンっとジャンプして、フープの中に入ります。両手を上げるなど、楽しくジャンプしましょう。

Point ジャンプがまだできない子は…
保育者と一緒に手をつないで、フープに入りましょう。少しずつジャンプに慣れることが大切です。

ことばかけ
「さあ、水たまりにポンってするよ！」

2 音楽に合わせてジャンプしよう

音楽に合わせて動いてみましょう。慣れるまでは、「あるこう あるこう とちゅうでポン」などと、言葉をかけながら行います。次第にジャンプする瞬間を予感できるようになります。

弾き方のコツ

ジャンプの瞬間を予感できるように

強弱をつけて弾くようにしましょう。だんだん強くなったら大きくポン、弱くなったら小さくポンというように、子ども自身が跳ぶ瞬間を予感できるようになります。

ことばかけ

「音楽に合わせて歩くよ。途中でポンっと水たまりに入ろうね」

3歳 フープにポン

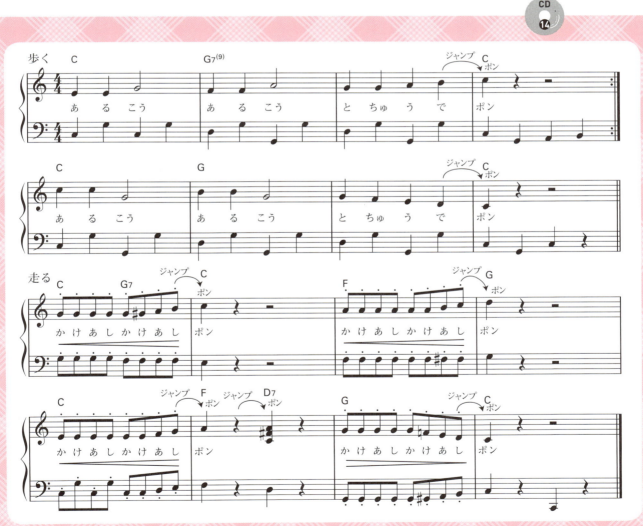

＊音源は休符にカウントを入れているところがあります。

おうまでストップ＆ゴー

3歳
難易度 ★★☆

ビート（拍）
ダイナミクスとテンポ

おうまになって走ります。途中、止まる動きを加えることで「動と静」の体験を楽しみます。

ねらい
- 即時反応を楽しむ
- 音楽の「動と静」を楽しむ

[曲名　おんまはみんな　作詞／中山知子　アメリカ民謡]

遊びの進め方

ことばかけ
「先生のまねできるかな？　だんだん難しくなるよ」

導入

保育者のまねっこあそび

保育者のまねをして、子どもたちは手をたたきます。保育者が途中で手をたたくのをやめたら、子どもたちもやめます。これを繰り返します。次第に、止まる瞬間や始まる瞬間を予感できるようになります。

慣れてきたら、次は両手を頭に置いたり、膝をたたいたり、手招きしたりと、保育者は動作を変えていきます。子どもたちはまねをします。

1. 音楽に合わせてギャロップ
2. 音楽に合わせてひとやすみ（止まる）
3. 再び音楽に合わせてギャロップ

基本の動き
揺れる

隊形

保育者

1 音楽に合わせてギャロップ

保育者と一緒に、『おんまはみんな』の音楽に合わせて、馬の走る動き「ギャロップ」をします。音楽が止まったら止まります。ギャロップ↔止まるを繰り返し行います。

弾き方のコツ

音楽の動と静を楽しめるように

ギャロップの音は軽やかに（速くなり過ぎないように）やさしく奏でましょう。「止まる」のところは何の音もない、静かな時間にしましょう。

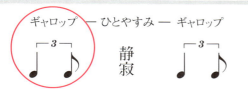

ことばかけ
「音楽に合わせて先生とお馬さんになって走ろう」

3歳 おうまでストップ＆ゴー

おんまはみんな　作詞／中山知子　アメリカ民謡

※108ページに続く

2 音楽に合わせてひとやすみ（止まる）

歌詞の「どうしてなのか　だれもしらない」のところで、軽く左右に揺れましょう。膝をやわらかく動かします。

ことばかけ
「お馬さんは、ちょっとひとやすみするよ」

弾き方のコツ

場面に合わせて動と静を表現

音楽の動と静を楽しむことが大切です。ギャロップの音は、速くなりすぎないよう軽やかに、ひとやすみのところはやさしく奏でましょう。

※109ページに続く

3 再び音楽に合わせてギャロップ

音楽に合わせて、1と同じくギャロップをします。
音楽が止まったら止まります。

アレンジ

止まるときにヒヒーン

音楽が止まったとき、動きを止めるだけでなく、「ヒヒーン」と馬の鳴き声をまねしましょう。

3歳 手を温めよう

難易度 ★★☆

- ビート（拍）
- 拍子
- リズム・パターン

リズムに合わせて動作を行うと楽しさがアップ。息を吹きかけ、息継ぎ（ブレス）の練習もしましょう。【森】

ねらい
- 基礎リズムを聴き分ける
- リズムに合わせて動く

遊びの進め方

導入

ことばかけ
「う〜寒い寒い。どうしたら温かくなるかな？」

温かいものなあに？
温かいものや、寒いときに温かくなる方法を子どもたちと考えます。「おひさま」「おふとん」「温かいシチューを食べる」「こたつに入る」「たくさん洋服を着る」など、保育者はヒントを出しながら、子どもたちから様々な気付きを引き出しましょう。

1. 膝をこすろう　【基本の動き】サッ サッ
2. 手の甲をこすろう　【基本の動き】ゴシゴシゴシ
3. 手に息を吹きかけよう　【基本の動き】ハー
4. 一列になってこすろう

【隊形】保育者を中心に半円
【隊形】保育者の前に一列

1 膝をこすろう

子どもたちは座ります。保育者は音楽に合わせて「ひーざ！」と言います。子どもは膝を前後に「サッサッ」と言いながらこすります。同じく、頬や頭、腕なども行います。

ことばかけ
「先生が体のある部分を言うよ。こすって温めよう」

Point　こする部分を伝えるときはテンポよく

膝以外の部分を示していくとき、子どもたちがとまどわないよう、リズムにのせて言います。保育者も一緒にこすって見せると楽しいです。

ひ　ざ　サッ　サッ
ほっ　ペ　サッ　サッ
あた　ま　サッ　サッ

3歳　手を温めよう

2 手の甲をこすろう

音楽に合わせて、手の甲を「ゴシゴシ」とこすります。途中で、保育者がグリッサンド音を入れたら、左右の手を反対にしてこすります。

ことばかけ
「(手の甲を差しながら) 次の音楽では、ここをこするよ」

弾き方のコツ
1オクターブ上げて
♪（8分音符）手の甲をこするときは、高音でやさしく（弱く）弾くと、聴き取りやすくなります。

おててをゴシゴシ

3 手に息を吹きかけよう

両方の手のひらを顔の前で広げ、息を吹きかけます。音楽に合わせて「ハー、ハー」しましょう。

ことばかけ
「(手のひらを広げて) ハー、ハー。息ってあったかいね」

弾き方のコツ

1オクターブ下げて
♩(2分音符) 息を吹きかけるときは、２のときよりも1オクターブ下げて低音で弾くと、聴き取りやすいでしょう。

3歳 手を温めよう

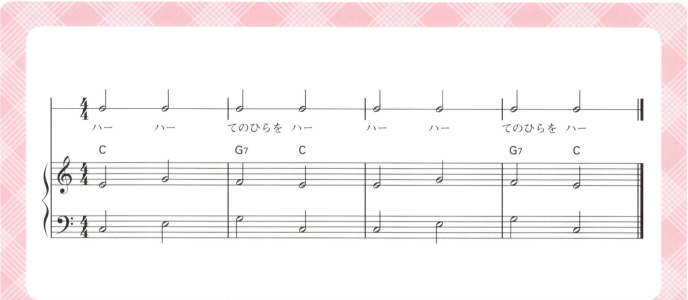

4 一列になってこすろう

保育者は 1〜3 の音楽を適宜演奏します。子どもは3、4人で一列になって座り、前の人の背中を上下にこすります。保育者が自由にグリッサンド音を入れたら、全員向きを変えて再びこすります。

ことばかけ
「前のお友達の背中をこするよ。上下にゴシゴシできるかな」

いろいろなリズムで背中をゴシゴシこすりましょう。

アレンジ

先頭の子が一番後ろへ

同じく3、4人で一列になって背中をゴシゴシします。保育者がグリッサンド音を弾いたら、先頭の子どもは最後尾に移動してこすります。

手合わせパッチン

3歳 難易度 ★★☆

ビート（拍）
ダイナミクスとテンポ

子どもたちが大好きな手合わせ遊びです。表情豊かに、保育者や友達との触れ合いを楽しみましょう。【森】

ねらい
- 時価の違いを聴き分ける
- 手合わせを楽しむ

遊びの進め方

導入

ことばかけ
「先生の後に続いて、元気よく言ってみてね」

リズムに合わせて唱えよう
保育者が弾くピアノのリズムに合わせて唱えましょう。

- ♩ ター ター ター…
- ♫ ティティティ…
- ♩ ターアン ターアン…

1. 様々なリズムで手合わせしよう
2. リズムに合わせてステップしよう

基本の動き

♩ ター ／ ♫ ティティ ／ ♩ ターアン

1 様々なリズムで手合わせしよう

子ども同士で向かい合って座り、音楽に合わせてお互いの両手を合わせます。慣れてきたら、❷❸も行いましょう。

❶ ♩を基本に、「タータータータ―…」と言いながら手を合わせます。

❷ ♫で、「ティティティティティ…」と言いながら指先で細かく手合わせをします。リズムが細かいことを意識しましょう。

❸ ♩で、「ターアン ターアン…」と手を合わせます。「ター」で合わせた後は、「アン」でひじを曲げないように腕を上げて離します。腕の力を抜いて、お空にふんわり飛ばすようなイメージで行いましょう。

> **ことばかけ**
> 「手合わせしよう。音が変わったら、手の合わせ方も変わるよ」

Point 手合わせを通して

リズムが変わることで、空間の違い（♩広い、♩普通、♫狭いなど）を表現できるように促します。

※手と手を合わせた後、「お空にふんわり飛ばす」ように腕の力を抜き「空間の音」を感じる。

2 リズムに合わせてステップしよう

1の曲でステップをします。
❶ ♩では、「タータータ―…」と言いながら歩きます。
❷ ♫では、「ティティティ…」と言いながら、かかとを上げて狭い歩幅でチョコチョコと歩きます。
❸ ♩では、「ターアン　ターアン…」と言いながら、「ター」で両膝を曲げた後、「アン」で上にふんわり伸びるように歩きます。

> **ことばかけ**
> 「音に合わせて歩くよ」

♩ 歩く　　♫ チョコチョコ歩く

♩ ゆっくり歩く

❶ ♩ タータータータ―

❷ ♫ ティティティティティ

❸ ♩ ター　→　アン

Point　リズム（時価）の違いを意識して

1の手合わせと同じように、空間を意識しながらステップしましょう。上半身がグラグラしないように、背筋を伸ばして、手や腕に力を入れないようにして歩くことを促しましょう。

アレンジ　方向転換やストップを加えて

歩いている途中でグリッサンド音が聴こえたら、歩く方向を反対向きに変えます。また、曲が止まったらピタッと動かなくなるなど、動きのルールをプラスすると楽しいでしょう。

3歳　手合わせパッチン

3歳 まねっこ遊び

難易度 ★★☆

- ビート（拍）
- ダイナミクスとテンポ
- フレーズ

音楽に合わせて、ビート感（拍節感）を楽しみます。動きにメリハリをつけると、注意力が引き出せます。

ねらい
- ビートにのって動く
- 動きをまねることを楽しむ

用意するもの
・カード

遊びの進め方

導入

ことばかけ
「先生と同じように手をたたいてね」

まねて手をたたこう

保育者が手を2回たたいて前に出します。子どもたちもまねします。慣れてきたら、手以外の体の一部をたたいて、それをまねします。

♩ ♩ ♩
手 手 前に手を出す

慣れてきたら

♩ ♩ ♩ とか ♩ ♩ ♩
手 手 頭　　　手 手 肩

1. 膝をたたこう
2. 動きをまねしよう

基本の動き
♩ ♩ ♩ ♩ 〜

隊形
保育者

1 膝をたたこう

保育者は、カードを1枚持ちます。音楽のビートに合わせて、カードを軽く上下に揺らします。子どもは保育者のリズムに合わせて座ったまま、膝をたたきます。保育者は音楽の途中でカードを見えないように降ろします。子どもは膝をたたくのを止めます。

> **Point** カードを見やすい位置に
> 保育者が揺らしたり、見えなくしたりするカードの動きはとても大切です。子どもたちにはっきりと見えるよう位置を調整しましょう。

カードが見えない

カードが見えないときも体でビートを感じましょう。

> **ことばかけ**
> 「カードを見ながら、みんなは膝をたたいてね」

3歳 まねっこ遊び

2 動きをまねしよう

保育者は、音楽に合わせて、体を左右に揺らします。途中で、手のひらをキラキラさせて下ろしたり、両手を左右に振ったりします。子どもたちは保育者の動きを見ながらまねをします。音楽のリズムにのって動きましょう。

> **ことばかけ**
> 「右、左、右、左…音楽を聴きながら先生の動きをまねしてね」

> **アレンジ**
> ### CDを用いてもOK
> この遊びは、以下の参考曲で行っても楽しめます。
> - アメリカン・パトロール（作曲／フランク・W・ミーチャム）
> - 行進曲「旧友」（作曲／カール・タイケ）
> - シンコペーティッド・クロック（作曲／ルロイ・アンダーソン）
> - おもちゃの交響曲（作曲／エトムント・アンゲラー）など

> **Point** 動きにメリハリを
>
> フレーズごとに動きを変化させましょう。途中で動きを止めたり、規則的に手拍子を入れたりして、子どもたちの注意力（気付き）を引き出すように促しましょう。

左右に揺れる　　キラキラ手を下ろす

手拍子をする

3歳 『アルプス一万尺』で手合わせ

難易度 ★★★

ダイナミクスとテンポ
拍子
リズム・パターン

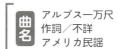

『アルプス一万尺』の歌に合わせて、手合わせしましょう。
ティティターのリズムを楽しみます。【あ】

ねらい
- 友達と触れ合い遊びを楽しむ
- ティティターのリズム・パターンを体験する

曲名：アルプス一万尺　作詞／不詳　アメリカ民謡

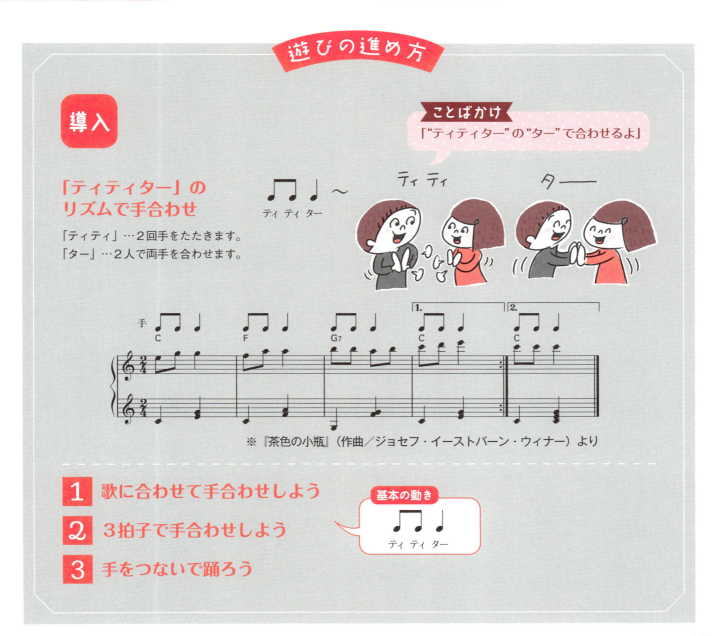

遊びの進め方

導入

「ティティター」のリズムで手合わせ

「ティティ」…2回手をたたきます。
「ター」…2人で両手を合わせます。

ことばかけ
「"ティティター"の"ター"で合わせるよ」

※『茶色の小瓶』(作曲／ジョセフ・イーストバーン・ウィナー)より

1 歌に合わせて手合わせしよう
2 3拍子で手合わせしよう
3 手をつないで踊ろう

基本の動き ティティター

1 歌に合わせて手合わせしよう

『アルプス一万尺』に合わせて、ティティターの手合わせをします。

> **ことばかけ**
> 「歌いながら、楽しく遊ぼう。はじめはゆっくりね」

1 アル
子ども同士で向かい合って2回手拍子をします。

2 プス……おどりましょう
「プス」で相手と両手を1回打ち合わせます。1 2 を繰り返します。

3 ラララララララ～
手をつないで回ります。フレーズごとに回る方向を変えましょう。

アルプス一万尺　作詞／不詳　アメリカ民謡

＊音源は2拍子

2 3拍子で手合わせしよう

3拍子のリズムでも手合わせしましょう。

ことばかけ
「次は同じ歌でもリズムがちょっと違うよ」

1 アル
2回手拍子をします。

2 プス……おどりましょう
「プ」「ス」で相手と両手を2回打ち合わせます。1 2を繰り返します。

3 ラララララララ〜
手をつないで回ります。フレーズごとに回る方向を変えましょう。

3歳 『アルプス一万尺』で手合わせ

＊音源は3拍子

3 手をつないで踊ろう

2人で向かい合って手をつなぎます。
※ 122ページの2拍子の『アルプス1万尺』に合わせて踊ります。

> **ことばかけ**
> 「歌に合わせて動くよ。2人で手をつないでね」

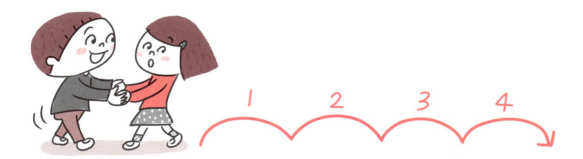

1 アルプスいちまんじゃく
手をつないだまま、一方向に4歩歩きます。

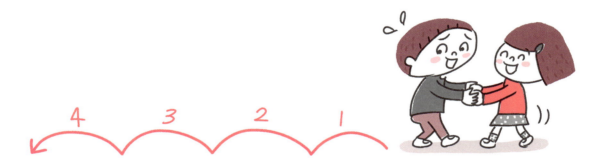

2 こやりのうえで　アルペンおどりを
「こやりのうえで」は 1 と反対方向に4歩歩きます。「アルペンおどりを」は、また反対方向に4歩歩きます。

> **Point 最後にジャンケンをしよう**
> 歌詞の最後「さあおどりましょう」のところでジャンケンをします。このとき、歌詞も「ジャンケンポン」に替えて歌いましょう。

3 ジャンケンポン（「さあおどりましょう」の部分）
ジャンケンをします。

3歳 伸びて縮んで

難易度 ★★★

ビート（拍）

ダイナミクスとテンポ

全身をいっぱいに使って、音の高低を表現します。慣れてきたら、だんだんと高低差を狭くしましょう。

ねらい
- 緊張と弛緩を楽しむ
- 強弱の違いを識別して、動作で表現する

遊びの進め方

導入

ことばかけ
「先生のまねをしてね。はじめはゆっくり動くよ」

保育者のまねっこ遊びから

パントマイムのように、保育者は声や音は出さずに、手を上げたり、下げたりします。子どもたちも、音を立てずに保育者の動きをまねして遊びます。いろいろな動き（あくびや寝るしぐさ、はみがきのしぐさなど）をして子どもたちの注意力を刺激します。

1. 背伸びしよう＆しゃがもう
2. 風船を持ったつもりで動こう
3. 音楽に合わせて動こう

基本の動き
上行＝伸びる
下行＝縮む

隊形

1 背伸びしよう&しゃがもう

保育者が「背伸びしよう」と言ったら、両手をいっぱいに広げて背伸びをします。「だんだん小さくなるよ」ということばかけに合わせて、だんだん小さくなり、膝を抱えてしゃがみます。

> **ことばかけ**
> 「みんなは背伸びできるかな？ 腕も足もピーンと伸ばすよ」

Point　まずはゆっくり動く
保育者のことばかけに合わせて、子どもたちは動きもまねします。ここでは音楽なしで大丈夫。全身をいっぱいに使って、ゆっくり動くことを心がけましょう。

背伸びしよう
「あ〜」と言いながら動きましょう。次は声を出さずに動きだけでやってみましょう。

だんだん小さくなるよ
風船がしぼんでいくようなイメージで、「シュー」と言いながらゆっくり動きましょう。

2 風船を持ったつもりで動こう

子どもたちは、風船を持ったつもりで動きます。風船をポンポン突いたり、プカプカと浮かぶ様子を眺めたりするイメージで楽しみましょう。

> **ことばかけ**
> 「（風船を配るしぐさをして）かわいい風船をみんなに配るよ。この風船を持って動こう」

Point　子ども同士がぶつからないように注意
風船を持ったつもりの遊びに夢中になって、子ども同士がぶつかることも。保育者は注意しながら、ときには風船を「ツンツンツン」とつつくような動作などを加えると盛り上がります。

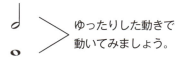
ゆったりした動きで動いてみましょう。

3 音楽に合わせて動こう

保育者の弾くピアノの音楽に合わせて、子どもは 2 と同じく風船を持ったつもりで動きます。曲の最後のグリッサンドのところでは、グリッサンドが上行するときは、風船を持った手とともに体を伸ばし、グリッサンドが下行するときは、小さくしゃがみます。

> **ことばかけ**
> 「風船を持ったまま動くよ。割らないようにやさしく持ってね」

> **アレンジ**
> ### 左右に揺れる動きも
> 伸び縮みの他に、左右に揺れる動きも加えましょう。「あっちから風が吹いてきたよ」と言って一緒に体を揺らしましょう。

> **弾き方のコツ**
> ### 合図の音はメリハリをつけて
> 合図の音（グリッサンド）は強く弾いたり、弱く弾いたりして、子どもが音に集中するようにします。

3歳　伸びて縮んで

 CD 18

＊音源は1回目はグリッサンドを上行、2回目は下行しています。

3歳 『アイ・アイ』でおさるさんごっこ

難易度 ★★★

拍子
フレーズ

『アイ・アイ』を歌いながら、リズミカルに動きます。動きも表情もユーモアたっぷりに意識しましょう。

ねらい
- 拍子（拍）を感じて動く
- フレーズの長短を感じて動く

[曲名 アイ・アイ 作詞／相田裕美 作曲／宇野誠一郎]

遊びの進め方

導入

ことばかけ
「先生が言う言葉をまねしてね。だんだん難しくなるよ」

言葉遊びをしよう

保育者はビートに合わせて「たぬき」と言います。続いて、子どもたちは「たぬき」と繰り返します。動物や物の名前だけでなく、「ペケポコペケ」など呪文のような面白い言葉を唱えても楽しいでしょう。

<保育者> <子どもたち>
たぬき　たぬき
ペケポコペケ　ペケポコペケ

1 『アイ・アイ』を歌いながら踊ろう

基本の動き
アーイ　アイ　（アーイ　アイ）

隊形
保育者

『アイ・アイ』を歌いながら踊ろう

音楽に合わせて動きながら、歌いましょう。

> **Point** 体全体を動かして
> 手の動きだけでなく、「おさるさんだよ」のところでは、膝をしっかり曲げて歩くなど、足の動きも加えるようにしましょう。

ことばかけ
「おさるさんが出てくる歌、わかるかな？
おさるさんのポーズをしてみよう」

アーイ　アイ　（アーイ　アイ）

1 アーイアイ（アーイアイ）×2
右手で頭、左手で顎をかきます。手を逆にして同じポーズをします。

2 おさるさんだよ
1のポーズのまま、右に歩きます。

**3 アーイアイ（アーイアイ）×2
みなみのしまの**
「アーイアイ（アーイアイ）×2」は1と同様にします。
「みなみのしまの」は、1のポーズのまま左に歩きます。

**4 アイアイ（アイアイ）×2　しっぽのながい
アーイアイ（アーイアイ）×2
おさるさんだよ**
1を繰り返した後、「しっぽのながい」は、手でしっぽを表しながら、ひと回りします。最後の「アーイアイ…おさるさんだよ」は1 2を繰り返します。

アイ・アイ　作詞／相田裕美　作曲／宇野誠一郎

弾き方のコツ
軽やかにメリハリをつけて
曲調に合わせて、ピアノは軽やかに弾きましょう。言葉の繰り返しのところでは、強弱の違いをつけてはっきりと弾くことが大切です。

Point　子どもとの応答を楽しみながら
振り付けの動きでは、膝の上下運動を意識して行うと、リズミカルに表現できます。ユーモアたっぷりに子どもとの応答を楽しみましょう。

4歳の リトミックのテーマ

- 4つたたいてポン (CD 19)
- ゴム紐で引っ張れ
- 『トレパック』で跳んだり走ったり
- スカーフで遊ぼう
- いろんな動物に変身
- まわせ まわせ (CD 20)
- カードで1、2、3、4
- おばけに会うのどーっちだ!? (CD 21)
- 言葉のリズムでたたこう
- フープで遊ぼう
- 音階で遊ぼう (CD 22)
- ドとソの違いって?

4つたたいてポン

4歳 難易度 ★☆☆

ビート（拍）
ダイナミクスとテンポ

テンポの違いを感じとる遊びです。テンポの速さによって動き（空間）が異なることに気付けるよう促しましょう。

ねらい
- テンポの違いに気付く
- テンポの変化で動き（空間）が異なることに気付く

遊びの進め方

導入

ことばかけ
「（動作を見せながら）音楽に合わせてやってみよう」

音楽に合わせて手をたたこう

曲例を参考に、音楽に合わせて「たたく」と「歩く」を行いましょう。
（曲例）
2拍子『手をたたきましょう』
｜2回手をたたく｜2歩歩く｜

3拍子『ありさんのおはなし』
｜3回手をたたく｜3歩歩く｜

4拍子『あくしゅでこんにちは』
｜4回手をたたく｜4歩歩く｜

1 4回手をたたこう
2 "ゴ"でたたこう
3 1、2、3、4を心で唱えて"ゴ"でたたこう
4 "ゴ"で跳ぼう
5 音楽に合わせて跳ぼう

基本の動き

隊形

1 4回手をたたこう

テンポだんだん速く

保育者と一緒に子どもは4回手をたたきます。テンポを変えて行いましょう。

保育者：どうぞ （一緒にたたく）イチ、ニ、サン、シ
保育者：どうぞ （一緒にたたく）イチ、ニ、サン、シ
保育者：どうぞ （一緒にたたく）イチ、ニ、サン、シ

> **ことばかけ**
> 「4回手をたたくよ。速さもだんだん変わるよ」

Point たたく強さを変えよう
テンポが遅いときには空間を大きく・強く、速いときには空間を小さく・弱くたたくようにしましょう。はじめはわかりやすくテンポを変えて、徐々にいろいろなテンポを組み合わせます。

2 "ゴ"でたたこう

保育者が「イチ、ニ、サン、シ」と唱えながら手をたたきます。子どもたちは「ゴ」で手をたたきましょう。保育者はテンポを変えて唱えます。

> **ことばかけ**
> 「"ゴ"で手をたたくよ」

3 1、2、3、4を心で唱えて"ゴ"でたたこう

保育者が「どうぞ」と言ってから、子どもは（イチ、ニ、サン、シ）と心の中で唱えて、「ゴ」で手をたたきます。

> **ことばかけ**
> 「"ゴ"でたたくまで、イチ、ニ、サン、シを心の中で数えてね」

どう ぞ　（イチ ニ サン シ） ゴ
保育者　　　　子ども

4 "ゴ"で跳ぼう

2 と同様に、保育者は「イチ、ニ、サン、シ」で手をたたきます。「ゴ」で子どもはジャンプします。保育者は、テンポを変えてみましょう。

> ことばかけ
> 「"ゴ"でジャンプしてみよう！」

5 音楽に合わせて跳ぼう

「イチ、ニ、サン、シ」は音楽を聴いて、「ゴ」でジャンプします。

> ことばかけ
> 「音楽をよーく聴いてね。"ゴ"でジャンプは同じだよ」

アレンジ
保育者がたたく数を変えて

- 保育者が3つたいて、子どもが4つ目でジャンプします。

- 保育者が2つたたいて、子どもが3つ目でジャンプします。

ゴム紐で引っ張れ

4歳
難易度 ★☆☆

- ダイナミクスとテンポ
- フレーズ
- ニュアンス

ゴム紐の弾力をいかしてダイナミクス(強弱)の違いを楽しみます。歌のフレーズの長短も同時に感じとります。

ねらい
- フレーズの長短(空間の大小)を感じる
- 強弱の違いを聴き分ける

用意するもの
・ゴム紐(長めのもの)

曲名
大きなたいこ　作詞／小林純一　作曲／中田喜直
おかあさん　作詞／田中ナナ　作曲／中田喜直

遊びの進め方

導入

ことばかけ
「引っ張ると、びよーん、びよーんってゴム紐が伸びるよ」

ゴム紐を引っ張ろう

3人ぐらいで輪になってゴム紐を持ちます。一斉に引っ張ったり、1人ずつ順番に引っ張ったりします。
※ゴム紐の長さによって、輪になる子どもの人数を調整します。

↓

上下、左右などゴム紐の引っ張り方はたくさんあります。身の回りの空間を広く、うまく使えるように促しましょう。

1 音楽に合わせて引っ張ろう

2 フレーズを意識して引っ張ろう

基本の動き
長いフレーズ
短いフレーズ

隊形

保育者

1 音楽に合わせて引っ張ろう

『大きなたいこ』を歌いながら歌詞に合わせて、ゴム紐を大きく、または小さく引っ張ります。フレーズごとに、全員で引っ張りましょう。

ことばかけ
「太鼓はたたく力の大きさで音が変わるんだよ」

弾き方のコツ
フレーズを印象付けながら
子どもが音楽のまとまりを感じやすくなるように、保育者はフレーズごとに強弱を印象付けて弾くよう心がけましょう。

●空間を大きく引っ張る　　　　●空間を小さく引っ張る

大きなたいこ　作詞／小林純一　作曲／中田喜直

2 フレーズを意識して引っ張ろう

『おかあさん』を歌いながら、フレーズの長さに合わせてゴム紐を引っ張ります。慣れたらフレーズごとに1人ずつ順に引っ張りましょう。

ことばかけ
「短い歌詞と長い歌詞で引っ張る大きさが変わるよ」

短いフレーズ（「♪おかあさん」「♪なあに」）

長いフレーズ（「♪おかあさんていいにおい」など）

おかあさん　作詞／田中ナナ　作曲／中田喜直

4歳 『トレパック』で跳んだり走ったり

難易度 ★☆☆

ダイナミクスとテンポ
フレーズ

バレエ音楽『くるみ割り人形』の中の『トレパック』から、「跳ぶ」「走る」の動きを通して変化を感じとりましょう。

ねらい
- アクセントを感じる
- フレーズを感じる

[曲名　バレエ音楽『くるみ割り人形』から『トレパック』　作曲／チャイコフスキー]

遊びの進め方

導入

ことばかけ
「音楽を聴いてみようね」

音楽を聴こう
全員で『トレパック』の音楽を聴きましょう。

Point　全部聴かなくてもOK
曲を全部聴くことが難しい場合は、冒頭の30秒程度にしましょう。後から音楽に合わせて動くことを伝えて、楽しく聴けるようにします。

1 保育者の動きをまねしよう
2 アクセントでジャンプ！

基本の動き

隊形

保育者

1 保育者の動きをまねしよう

音楽を聴きながら、保育者はアクセント（フレーズの最初の音）で、空中のものをつかむしぐさをします。そして、アクセントに続く弱い音楽のところで、両方の指で空中をクルクル回すような動きをします。子どもは、保育者の動きをまねします。

ことばかけ
「先生が音楽に合わせてつかんだり、クルクルしたりするよ。まねしてね」

Point 音楽の違いを聴き分け動くことを楽しむ

ここでの動きは、「つかむ」か「クルクル」かの2択です。音楽をよく聴いて動いてみましょう。

トレパック 作曲／チャイコフスキー

2 アクセントでジャンプ！

音楽に合わせて、アクセントのところで着地するように跳びます。他のところでは、駆け足をします。駆け足は歩幅を小さく小走りするようにしましょう。

ことばかけ
「ジャンプしたり走ったりするよ」

Point 着地を合わせるために
アクセントのところで着地するためには、その前にジャンプしなければなりません。タイミングよく着地できるように音楽をよく聴くことが大切です。

スカーフで遊ぼう

4歳

難易度 ★☆☆

ダイナミクスとテンポ
フレーズ

音楽の揺れにのること自体を楽しみます。強弱（ダイナミクス）の違いを聴き取って、体を動かしましょう。【森】

用意するもの
・スカーフ

ねらい
- 緊張と弛緩を楽しむ
- ダイナミクスを感じとる

曲名：チューリップ
作詞／近藤宮子
作曲／井上武士

遊びの進め方

ことばかけ
「スカーフがいろいろなものになるよ！　何になるかな？」

導入

スカーフがいろいろなものに変身！

スカーフを使って見立て遊びを楽しみましょう。

例）
- 広げてヒラヒラさせて、闘牛士
- 頭に巻いてターバン
- 腰に巻いてダンサー
- 髪に結んでリボン　など

1 チューリップを咲かせよう
2 いないいないばあ！　をしよう
3 馬になって走ろう
4 2人で風になろう
5 まねっこして動こう

基本の動き
そよ風（弱く）
強い風（強く）

隊形

保育者

1 チューリップを咲かせよう

保育者はスカーフを1枚ずつ配ります。子どもは両手で、スカーフを見えないように握ります。『チューリップ』を歌いながら体を揺らしましょう。歌の最後で手のひらをパッと開いて、スカーフをチューリップに見立てて咲かせます。

ことばかけ
「みんなでチューリップの花を咲かせよう」

チューリップ　作詞／近藤宮子　作曲／井上武士

2 いないいないばあ！ をしよう

音楽に合わせて、スカーフを被ります。合図の音が聴こえたら、スカーフをサッととります。

ことばかけ
「スカーフを被って隠れるよ。いつ現れるか楽しみだね」

Point 子どもの期待を膨らませて
スカーフをとる瞬間を子どもが期待できるよう、「バァ〜！」とスカーフをとるまでの時間を工夫しましょう。

3 馬になって走ろう

スカーフをズボンやスカートの腰回りに挟み、垂れさせます。「パッカ、パッカ」と唱えながらギャロップをします。

ことばかけ
「だれのしっぽかわかるかな？ ニンジンが大好きな動物（馬）だよ」

アレンジ
方向を変えてみよう

音楽にのってギャロップしましょう。保育者は途中で自由にグリッサンドを入れて、その合図が聴こえたらギャロップする方向を変えましょう。時々音楽を止めて、「ヒヒーン」と馬の鳴きまねをしても楽しいです。

ギャロップ

子どもたちと馬のように走る体験を楽しみましょう。

4歳 スカーフで遊ぼう

4 2人で風になろう

2人組で向かい合い、スカーフを持ちます。肘や膝の力を抜きながら、スカーフをなびかせてそよ風、強い風を表現しましょう。

ことばかけ
「風って気持ちがいいね。いろいろな風になってみよう」

弾き方のコツ
強弱の違いをはっきりと
子どもたちが息を合わせて動きを表現するために、保育者は強弱（ダイナミクス）の違いを意識して弾くことが大切です。

そよ風…膝をしなやかに上下に動かし、やさしくなびかせる。

強い風…髪がふり乱れるぐらいオーバーに素早く動かす。

5 まねっこして動こう

スカーフを1人ずつ手に持って、3、4人で一列に並びます。先頭の子どもの動きを順番にまねします。

ことばかけ
「1番目の子の動きをよく見てね。後ろの子は順番にまねするよ」

Point 音楽の選び方
3人のときは3拍子、4人のときは4拍子の音楽で行うとよいです。
動いていて音楽が止まったら、すぐに一列で整列するなどルールを加えると楽しいでしょう。

先頭 …… 次 …… 次の次 …… 次の次の次

4歳　スカーフで遊ぼう

いろんな動物に変身

4歳　難易度 ★★☆

- ビート(拍)
- ダイナミクスとテンポ
- ニュアンス

絵本や歌で出合う動物たちに変身してみましょう。音楽にのって動くと楽しさも膨らみ、体幹も鍛えられます。【森】

ねらい
- 想像力、表現力、感受性を育てる
- 模倣遊びを楽しむ

曲名　うさぎとかめ　作詞／不明　作曲／納所弁次郎

遊びの進め方

ことばかけ
「好きな動物の名前を教えて。その動物に変身するよ」

導入

どんな動物がいるかな？

保育者は、子どもに知っている動物や好きな動物の名前を聞きます。子どもが「フラミンゴ」「カエル」など次々に言ったら、一緒にその動物になりきってポーズをとったり、動いたりします。
（例）
フラミンゴ…片足で立ち、お腹に力を入れてフラフラしないように止まります。
カエル…膝をやわらかく屈伸しながらジャンプします。
ウサギ…両手をまっすぐ上げて腕を耳につけます。手が下がらないよう両足をそろえてジャンプします。

1. カメになろう
2. イモムシになろう
3. ひっくり返ってバタバタ

1 カメになろう

保育者は『うさぎとかめ』をゆっくり弾きます。音楽に合わせて子どもはハイハイします。時々テンポを速く弾いて変化をつけましょう。

Point 体をコントロールできるように

歌のテンポに合わせて体を動かすことで、腕の力や全体のバランス力が身に付きます。ハイハイは、四肢の協応を促す体験になります。

4歳 いろんな動物に変身

うさぎとかめ 作詞／不明　作曲／納所弁次郎

カメになって動く

2 イモムシになろう

2～5人ぐらいで肩をもって連なり、しゃがんだまま進みます。グリッサンド（または、高い音）は保育者が自由に入れます。子どもたちはグリッサンドが聴こえたら、向きを変えて反対方向に進みます。

ことばかけ
「さあイモムシになるよ。イッチ、二、イッチ、二。息を合わせてね」

Point　脚力が身に付く
連なって進むときはなるべく手を床に着けないようにします。おしりを上げてしゃがみ歩きすることで脚力が身に付きます。

グリッサンドで反対方向

3 ひっくり返ってバタバタ

1のカメや2のイモムシの動きに「ひっくり返る」や「助けて〜」の動きを入れます。

> **ことばかけ**
> 「カメやイモムシがひっくり返ったらどうなるかな？」

1 ひっくり返る
床にあお向けに寝ます。

「ひっくり返る」→床にあお向けに寝る
R.H.（右手）
L.H.（左手）
rit.
だんだんゆっくり弾いて倒れこむイメージを音にする

2 助けて〜
手と足をバタバタ動かします。

> **弾き方のコツ**
> ### イメージを音にして
> ひっくり返る動作のときは、だんだんゆっくり弾いて倒れこむイメージを音にしましょう。手足をバタバタするときは、強弱や長さをかえて楽しい雰囲気で弾きます。

「助けて〜」→手と足をバタバタ動かす

4歳　いろんな動物に変身

4歳 まわせ まわせ

難易度 ★★☆

ビート（拍）
フレーズ

『まわせ　まわせ』の歌に合わせてボールを回す遊び。フレーズ感やビート感が身に付きます。

用意するもの
・ボール

ねらい
- フレーズを感じる
- ビートの流れを楽しむ

曲名：まわせ　まわせ
作詞・作曲／石丸由理

遊びの進め方

導入

ことばかけ
「お隣へ、お隣へ…と唱えながら、隣の友達にボールを渡していくよ」

円陣になってボールを回そう

5～8人ぐらいで、円陣をつくります。ボールを1個用意し、隣の人にリズミカルに手渡しましょう。慣れてきたら、テンポを速めて行います。

1 音楽に合わせてボールを渡そう

基本の動き

隊形

1 音楽に合わせてボールを渡そう

円陣をつくります。『まわせ　まわせ』の歌に合わせてボールを隣の人に渡します。

ことばかけ
「ボール回しをするよ。歌に合わせて隣のお友達に渡してね」

1 まわせまわせよ　どんどんまわせ
だれのところに

ターアン（2分音符）のリズムで隣の人にボールを渡します。

2 とまるかな

「な」のところでボールを持っている人は、立ち上がって円陣の周りをひと回り走ります。スキップでも楽しいです。**1 2**を繰り返し遊びます。

まわせ まわせ　作詞・作曲／石丸由理

＊音源は3回繰り返しています。

弾き方のコツ

子どもの様子を見ながら

「とまるかな」では、誰にボールがくるか、子どもは期待を膨らませています。慣れてきたら、テンポをだんだん速くしてみましょう。スピード感が増して盛り上がります。

カードで 1、2、3、4

4歳 難易度 ★★☆

ビート（拍）
リズム・パターン

音楽のビートを感じながらリズム・パターンをたたきます。途中に出てくる手をたたかない瞬間も楽しみます。

ねらい
- ビートを感じる
- リズム・パターンに親しむ

用意するもの
・カード（色画用紙）

曲名：さんぽ　作曲／久石譲　編曲／たなかなた

遊びの進め方

導入

指差しに合わせて唱えよう

保育者は、ボードに4枚のカードを並べます。カードを順番に指差しましょう。

ことばかけ
「カードを指差しながら"イチ、ニ、サン、シ"と言おうね」

アレンジ

音楽に合わせて

『ジ・エンターテイナー』や『シンコペーティッド・クロック』などの曲を用意します。CDで音楽を流しながら、リズムに合わせて保育者は指差しをします。子どもも一緒にカードを指差しながら唱えます。

1 手をたたこう

基本の動き　イチ　ニ　サン　シ

隊形　保育者

1 手をたたこう

保育者と子どもは一緒に『さんぽ』を聴きながら手をたたきます。心の中で「イチ、ニ、サン、シ」と唱えます。保育者は途中でカードを1枚抜きます。抜かれたところは手をたたきません。慣れてきたら、保育者は音楽に合わせてカードを抜いたり出したりします。慣れてきたら、『さんぽ』を歌いながら行いましょう。

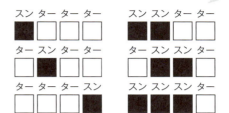

ことばかけ
「カードのないところは、手をたたかないよ」

| スン | ター | ター | ター | | スン | スン | ター | ター |
| ■ | □ | □ | □ | | ■ | ■ | □ | □ |

| ター | スン | ター | ター | | ター | スン | スン | ター |
| □ | ■ | □ | □ | | □ | ■ | ■ | □ |

| ター | ター | ター | スン | | スン | スン | スン | ター |
| □ | □ | □ | ■ | | ■ | ■ | ■ | □ |

4歳　カードで1、2、3、4

さんぽ　作曲／久石譲　編曲／たなかなた

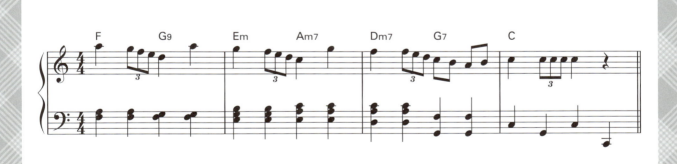
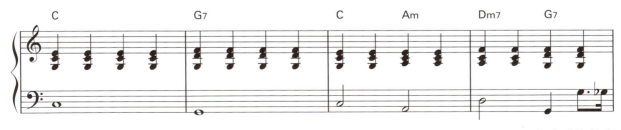

※156ページに続く

4歳 おばけに会うのどーっちだ!?

難易度 ★★☆

ダイナミクスとテンポ
フレーズ

『おばけなんかこわくない』の歌に合わせて動きます。
歌の最後は、左右どちらの友達と会うかな？

ねらい
- アクセントを感じる
- フレーズを楽しむ

[曲名 おばけなんかこわくない
作詞・作曲／當銀玲子
編曲／たなかなた]

遊びの進め方

導入

ことばかけ
「先生はおばけが大好き。みんなはどんなおばけを知ってる？」

おばけの出てくる絵本を読み聞かせ

『おばけのアイスクリームやさん』（作／安西水丸：教育画劇）や『めっきらもっきらどおんどん』（作／長谷川摂子 絵／ふりやなな：福音館書店）など、おばけが登場する絵本を読み聞かせましょう。どんなおばけがいるかなど挙げてみるのも楽しいです。

1 歌に合わせて動こう

1 歌に合わせて動こう

円陣をつくり、歌に合わせて動きます。

> **ことばかけ**
> 「歌の最後に、右か左にジャンプするよ。隣の子と顔が合ったら（向かい合ったら）座るよ」

1 **おばけなんかこわくない おばけなんかこわくない**
手をつないで、腕を前後に揺らします。

2 **みぎむいて**
右にジャンプします。

3 **ホッ**
手を胸に当ててホッとするポーズをします。

4 **ひだりむいてホッ**
左にジャンプし、手を胸に当ててホッとするポーズをします。

5 **ぐるりとまわって**
ひと回りします。

6 **どっちむこう　パッ**
「パッ」のところでジャンプして、右か左か好きな方向に向きます。

隣の子と向かい合ったら…

「おばけに出会った」ので負け。2人は、手を相手の肩に置きながら「ア〜レ〜」と言って座ります。

それ以外の子は…

「おばけに出会わなかった」ので、残った人で円陣をつくって2回戦スタート。

> **Point** アクセントやフレーズ感を感じて
>
> 「♪みぎむいてホッ　ひだりむいてホッ」のところや「♪どっちむこう　パッ」のところでは、跳んで着地をします。アクセントを感じる瞬間です。歌詞のまとまりによってフレーズを感じとりましょう。

おばけなんかこわくない
作詞・作曲／當銀玲子　編曲／たなかなた

CD 21

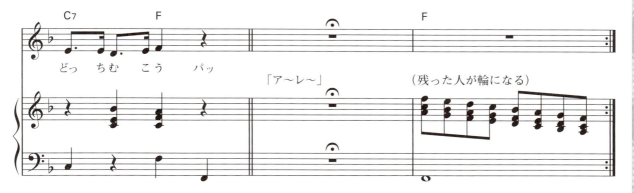

＊音源は「ア〜レ〜」の部分に音を入れています。また、3回繰り返しています。

4歳 おばけに会うのどーっちだ!?

4歳 言葉のリズムでたたこう

難易度 ★★★

- ダイナミクスとテンポ
- リズム・パターン
- ニュアンス

言葉のリズムに合わせて、唱えながら楽器をたたきます。いろいろな言葉で挑戦してみましょう。【森】

用意するもの
・絵カード　・楽器

ねらい
- リズム・パターンに親しむ
- 言葉のアンサンブルを楽しむ

遊びの進め方

導入

絵カードで当てっこ

子どもが好きな食べ物や身近な乗り物、動物などが描かれた絵カードを用意します。保育者は、絵カードを見せて、子どもがそれに答えます。

ことばかけ
「みんなが知っているものが出てくるよ。絵カードを見て答えてね」

1. 言葉に合わせて手をたたこう
2. 言葉に合わせて楽器をたたこう

隊形

保育者

1 言葉に合わせて手をたたこう

保育者が絵カードを見せます。子どもが答えた言葉のリズムに合わせて、手をたたきましょう。

ことばかけ
「絵カードに描かれている絵の名前を、手でたたいてみるよ」

アレンジ

慣れたらテンポUP！

慣れるまではゆっくりと絵カードを見せます。次第に、絵カードを見せるテンポを上げましょう。

カ　ボ　チャ
ティ　ティ　ター

キュウ　リ
ターアン　ター　スン

ト　マ　ト
スン　ター　ター　ター

シ　イ　タ　ケ
ター　ティ　ティ

2 言葉に合わせて楽器をたたこう

1と同じく、保育者は絵カードを見せます。子どもは名前を唱えながら、言葉に合わせて楽器をたたきます。

ことばかけ
「絵カードに描かれている絵の名前を、楽器でたたいてみるよ」

アレンジ

言葉（楽器）を重ねていく

いきなり全員で合わせるのではなく、1つの言葉（楽器）を唱えているときに、もう1つの言葉（楽器）を重ねるようにしましょう。

カボチャ／ティティター
（ウッドブロック）

キュウリ／ターアンタースン
（トライアングル）

トマト／スンターターター
（タンブリン）

シイタケ／ターティティ
（カスタネット）

フープで遊ぼう

4歳 難易度 ★★★

- ビート（拍）
- ダイナミクスとテンポ
- ニュアンス

フープを前にすると、動きたくなる子どもたち。音楽に合わせて動く中で、違いに気付いていきます。【森】

用意するもの
・フープ

ねらい
- テンポの変化を感じる
- ダイナミクスの変化を感じる

遊びの進め方

導入

ことばかけ
「フープを使って自由に遊ぶよ。2人で相談してみよう」

2人組でフープ遊び

2人に1本ずつフープを配り、自由に遊びます。一緒にフープをくぐったり、電車ごっこをしたりしましょう。慣れてきたら、1人はフープの中に残り（運転手役）、1人はフープの外に出て、後ろでフープを持ち（車掌役）、交代しながら遊んでも楽しいです。

1. 舟漕ぎをしよう
2. 雨や雷を表現しよう
3. フープに入ろう
4. フープの周りを走ろう

基本の動き　揺れる

基本の動き

1 舟漕ぎをしよう

2人組になり、向かい合わせで床に足を伸ばして座ります。2人の足の裏を合わせてフープを持ちます。音楽に合わせて前後に交互に揺れます。

ことばかけ
「2人でお舟を漕ぐよ。前、後ろ、交互にね」

弾き方のコツ
子どもの様子を見てリズミカルに

無理なく前後に揺れることができるよう、テンポを調整しましょう。リズムにのって軽やかに弾くことが大切です。

アレンジ
揺れ方の難易度UP

腹筋を使って交互に寝たり起きたりします。フープから手が離れないよう、しっかり握りましょう。保育者が、合わせた足を離れないように支えると起き上がりやすくなります。

2 雨や雷を表現しよう

舟漕ぎの途中で「雨が降ってきたよ」と、フープを高くかかげて傘にします。また、途中で保育者は低音を手のひらで弾きます。子どもたちは「ゴロゴロと雷が鳴り出したー」とおへそを押さえます。保育者は「おいしそうなおへそはないかな？」などと言って盛り上げます。

ことばかけ
「あれれ？　なんだか急に空が暗くなってきたよ」

Point　舟漕ぎと組み合わせて
1の「舟漕ぎ」と「傘さし」「雷」を不規則に組み合わせて繰り返します。音楽の変化に子どもが気付くことができるように促しましょう。

3 フープに入ろう

フープを床に置きます。1人ずつ音楽に合わせて、ピョンと跳んでフープに入ったり、出たりします。

> **ことばかけ**
> 「床に置いたフープは水たまりみたい。ジャンプして入ってみようか」

Point ジャンプの仕方
フープにジャンプして入るときは、両足をそろえて跳べるようにやって見せたり、声かけをしたりするとよいでしょう。

アレンジ いろいろな跳び方で
横跳びや前後跳び、ひねり跳びなど、様々な跳び方にもチャレンジしましょう。跳び方によって調を変えてみましょう。できるだけ子どもの動きに音楽を合わせるように弾きます。

4 フープの周りを走ろう

駆け足の音楽が聴こえたら、フープの周りを走ります。保育者はグリッサンドの合図をを自由に入れて、子どもは合図が聴こえたら反対に回ります。保育者は、音楽が速くなりすぎないよう子どもの様子を見て調整します。

ことばかけ
「フープの周りを駆け足するよ。合図が聴こえたら反対回りだよ」

アレンジ 動きを組み合わせてみよう
3のフープに入る動きと、4のフープの周りを走る動きを繰り返します。音楽の変化をしっかり聴き取りましょう。

音階で遊ぼう

4歳
難易度 ★★★

フレーズ
ソルフェージュ

音階を聴いて、歌ったり、動いたりする遊びです。音階の方向（上行、下行）を聴き分けて楽しく動きましょう。

ねらい
- 音階に親しむ
- ピッチ（音高）の変化を感じとる

[曲名] 音階のうた
作詞・作曲／たなかなた

遊びの進め方

導入

ことばかけ
「音階ってわかるかな？（ピアノを弾きながら）ドレミファソのことだよ」

ドレミファソに親しもう

保育者はゆっくりとピアノの音階「ドレミファソ」を弾きます。子どもはまねします。

1. 音階に合わせて腕を上げよう
2. 歌に合わせて腕を動かそう
3. 円陣をつくって動こう

基本の動き
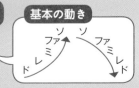

隊形
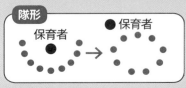

1 音階に合わせて腕を上げよう

保育者は導入の遊びと同じく、リズミカルに「ドレミファソー」と歌いながら、(音階に合わせて)腕を下から上に上げていきます。子どもはそれをまねします。

ことばかけ
「音階と一緒に先生の腕が動くよ。まねしてみよう」

アレンジ

音階の歌い方を変えて

「ドレミファソー」の歌い方を、レガートやスタッカートに変えましょう。歌に合わせて、腕の上げ方も変えます。

レガート(なめらかに)で歌うとき…
「ド～レ～ミ～ファ～ソ～」と曲線を描くようにやわらかく動かします。

スタッカートで歌うとき…
「ド・レ・ミ・ファ・ソ」とロボットの動きのように1か所ずつ止めながら上げていきます。

2 歌に合わせて腕を動かそう

『音階のうた』を歌いながら、両腕を動かしましょう。

> **ことばかけ**
> 「両腕を出してみて。歌に合わせて上げたり下げたりするよ」

1 かいだんのぼる
膝を8回たたきます。

2 ドレミファソ
両腕を音に合わせて上げます。

3 かいだんおりる
腕を上げたまま左右に体を揺らします。

4 ソファミレド
両腕を音に合わせて下げます。

5 ドレミファソ ソファミレド のぼったり おりたり
2と4を2回ずつ繰り返します。

6 いそがしい
2を繰り返します。

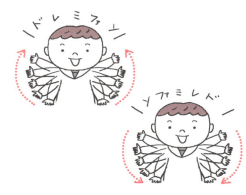

7 ドレミファソ ソファミレド ドレミファソファミレ
2と4を2回ずつ繰り返します。

8 ドドド
膝を3回たたきます。

音階のうた 作詞・作曲／たなかなた

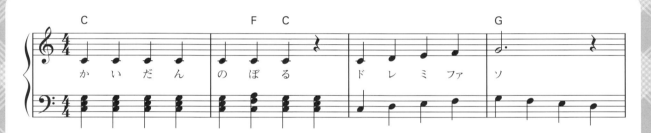

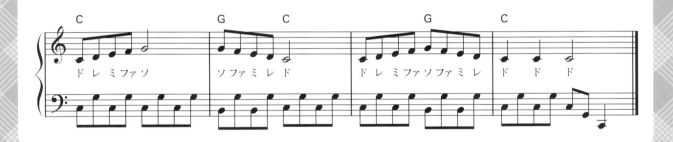

3 円陣をつくって動こう

子どもたちは円陣をつくります。歌いながら動きましょう。

> **ことばかけ**
> 「丸くなってごらん。音楽に合わせて体を動かすよ」

1 かいだんのぼる
右に8歩動きます（または8歩足踏みします）。

2 ドレミファソ
円の中心に向かって歩きます。

3 かいだんおりる
左に8歩動きます（または8歩足踏みします）。

4 ソファミレド
円の外側に向かって歩きます。

5 ドレミファソ ソファミレド
2と**4**の動作をします。

6 のぼったり おりたり いそがしい
その場でひと回りします。

4歳 音階で遊ぼう

7 ドレミファソ ソファミレド
ドレミファソファミレ
5を繰り返しながら、手を上げたり下げたりします。

8 ドドド
3回手拍子をします。

アレンジ
速さと強弱を変化させて

ビートは一定にして、いろいろな速さで動きましょう。また、「ドレミファソ」のときは強く、「ソファミレド」は弱くすると楽しいです。

アレンジ
カノンにチャレンジ

円陣を2つにします。1つ目の円陣が歌い、動きはじめます。4小節遅れて、2つ目の円陣が歌い、動きはじめます。円陣は5つまでできます。順番に4小節ずつ遅れてスタートしましょう。

ドとソの違いって?

4歳 難易度 ★★★

リズム・パターン
ソルフェージュ

ドとソの音の違いを聴き分けて、体で表現します。慣れてきたら、保育者と子どもの役割を交代してみましょう。

ねらい
- ピッチを聴き分ける
- 階名に親しむ

[曲名 アイ・アイ　作詞/相田裕美　作曲/宇野誠一郎]

遊びの進め方

導入

ことばかけ
「先生が体のいろいろな部分を言うよ。トントン…の後に触ってね」

トントン遊びで練習しよう

保育者は「トントントン…」と唱えながら膝をたたきます。途中で保育者の合図「頭」の声が聞こえたら、すぐに手を頭に置きます。

同じように、「肩」や「足首」など、様々な体の部位を言って、手をその部位に置きます。

1. ドで膝、ソで肩をたたこう
2. リズムを変えて歌おう
3. 一緒に歌おう

基本の動き

隊形　保育者

1 ドで膝、ソで肩をたたこう

膝をたたきながら「ドドドドド…」と歌います。次に、肩をたたきながら「ソソソソ…」と歌いましょう。

> **ことばかけ**
> 「はじめは、ドドド…と"ド"を言いながら膝をたたくよ」

アレンジ　声の大きさを変えながら

リズミカルに歌えるようになったら、大きな声（強く）や小さな声（弱く）で歌ってみましょう。

2 リズムを変えて歌おう

1とは違うリズムで、膝をたたきながら「ドドド…」、肩をたたきながら「ソソソ…」と歌いましょう。

> **ことばかけ**
> 「さっきと同じドとソだけど、歌い方が変わるよ」

アレンジ　『アイ・アイ』を加えて

子どもが「ドドド…」と繰り返し歌っているとき、保育者は『アイ・アイ』を弾きます。子どもは「ドドド…」の音程を維持しながら歌うようにします。慣れてきたら、途中で「ソソソ…」に替えると面白いでしょう（176ページの楽譜を参照）。

3 一緒に歌おう

子どもは『アイ・アイ』を歌います。保育者は強弱をつけたり、速度を変えたりしながら、「ドドドー」と「ソソソー」を歌います。子どもも一緒に合わせます。慣れてきたら、保育者と子どもの役割を交替します。

ことばかけ
「先生はドかソで歌うよ。みんなは『アイ・アイ』を歌ってね」

アレンジ
動作だけにチャレンジ

保育者は『アイ・アイ』を歌いながら、「ド」や「ソ」は歌わずに、膝か肩をたたきます。子どもはその動きを見て、ドかソを歌います。

アイ・アイ　作詞／相田裕美　作曲／宇野誠一郎

5歳のリトミックのテーマ

- ボードを何かに見立てよう
- 手拍子おくり　CD 23
- 『マイムマイム』で喜びの気持ちを表現
- 手と足を連動してみよう
- こいぬのBINGO　CD 24
- おしゃべりなアヒルと友達探そう　CD 25
- 2拍子 3拍子 4拍子　CD 26
- ピコロミニ　CD 27
- オスティナートで遊ぼう　CD 28 29
- ボールコロコロ　CD 30
- ハンドサインで遊ぼう　CD 31 32 33
- 和音の違いを聴き分けよう　CD 34
- 言葉のアンサンブル

5歳 ボードを何かに見立てよう

難易度 ★☆☆

- ビート（拍）
- ダイナミクスとテンポ
- ニュアンス

異なるリズムを聴き分けて動きましょう。ボードを使った他の表現を出し合っても楽しいです。

ねらい
- リズムを聴き分ける
- リズムにのって動く

用意するもの
- 丸く切ったボード（段ボール、厚紙など）

指導の進め方

導入

見立て遊びを楽しもう

丸く切った1枚のボード（段ボールや厚紙など）を人数分用意します。子どもたちと、ボードをいろいろなものに見立てて遊びましょう。

ことばかけ
「ここに1枚のボードがあるよ。こうすると、傘みたいだね」

1. ボードを頭にのせてゆっくり歩こう
2. ドライブしよう
3. 太鼓をたたこう

基本の動き

歩く　走る　たたく

1 ボードを頭にのせてゆっくり歩こう

ボードを頭の上に置き、帽子に見立てます。音楽（ターアンのリズム）に合わせて、歩きましょう。

ことばかけ
「ボードを頭の上にのせて歩いてみよう。落とさないでね」

ターアン　ターアン

ターアン　　ターアン

5歳　ボードを何かに見立てよう

2 ドライブしよう

ボードをハンドルのように両手で持ちます。音楽（ティティティティのリズム）に合わせて、走りましょう。

> **ことばかけ**
> 「車に乗ってドライブするよ。みんなは運転手ね」

ティ ティ ティ ティ

> **弾き方のコツ**
>
> **ビートを等しく安定させて**
> ♫♫ が速くならないように弾きます。軽やかに、ビートを等しく弾くことが大切です。

3 太鼓をたたこう

子どもは座って膝の上にボードを置きます。音楽（ターのリズム）に合わせて、たたきましょう。

ことばかけ
「トントントン、いい音のする太鼓だね」

アレンジ

3つのリズムを聴き分けて

保育者は、1～3の音楽（ターアン、ティティ、ターのリズム）をリズミカルに弾きます。子どもは音楽を聴き分けて、それぞれの動きを行います。速さを一定に弾くようにしましょう。

5歳　ボードを何かに見立てよう

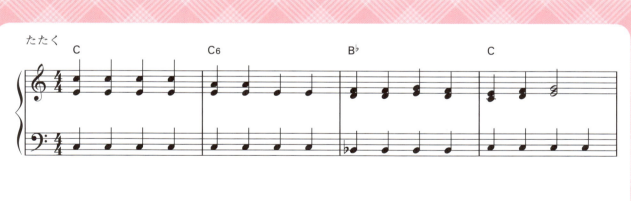

5歳 手拍子おくり

難易度 ★☆☆

ビート（拍）
ダイナミクスとテンポ

音楽のビートにのって、手拍子をします。音楽の流れ（拍）を感じながら、たたく瞬間を楽しみます。【あ】

ねらい
- ビートを感じる
- アクセント（手をたたく瞬間）を予感する

遊びの進め方

導入

ことばかけ
「歌に合わせて隣のお友達にボールを渡すよ」

153ページ『まわせ まわせ』で遊ぼう

円陣をつくって座ります。『まわせ まわせ』の歌に合わせてボールを隣の人に渡します。
ターアン（ゆっくり2分音符）のリズムで隣の人にボールを回します。

「だれのところにとまるかな」の最後の「な」のところでボールを持っている人は、立ち上がって円の外側をスキップでひと回りします。

1. 1回ずつ手拍手をしよう
2. 反対回りでたたいてみよう

基本の動き 「反対」

隊形

1 1回ずつ手拍子をしよう

5人ぐらいで輪になります。184ページの音楽に合わせて1人ずつ、順番に1回だけ手をたたきます。膝の動きを用いながら、音楽のビートにのってたたきましょう。

ことばかけ
「音楽をよく聴いてね。1回ずつ手をたたくよ」

Point 輪になるときは
輪になる人数は、多すぎると順番が回ってくるまでに間延びし、飽きてしまいます。また、子ども同士の間隔は、手を広げた程度にすると動きやすいです。

2 反対回りでたたいてみよう

音楽の途中で、保育者は「反対」と合図をします。子どもたちは、反対回りで手拍子を送ります。

ことばかけ
「先生が合図をしたら反対回りだよ」

Point 合図を言葉から音に
合図は、音楽のフレーズをまとまりで感じられるよう入れましょう。小節の最後の拍に入れると、1拍目を感じとりやすくなります。慣れてきたら、言葉ではなく、高い音などを合図にしてみましょう。

※( )の音は最後は弾きません

『マイムマイム』で喜びの気持ちを表現

5歳 難易度 ★★☆

ビート（拍）
フレーズ

『マイムマイム』（水が湧き出た喜びを表したイスラエルの音楽）に合わせて表情豊かに表現しましょう。

ねらい
- フォークダンスに親しむ
- フレーズを感じて動く

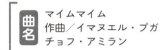

曲名：マイムマイム
作曲／イマヌエル・プガチョフ・アミラン

遊びの進め方

導入

ことばかけ
「先生が数字を言うから、その数を唱えてみよう」

数を唱えてみよう

子どもと一緒に、数を唱えましょう。
では4つ…イチ、ニ、サン、シ。
次は3つ…イチ、ニ、サン。
次は8つ…イチ、ニ、サン、シ、ゴ、ロク、シチ、ハチ。
→
ゆっくり数えたり、速く数えたりしましょう。リズミカルに唱えましょう。

1 音楽に合わせて動こう

基本の動き: 8歩ステップ、8歩ステップ〜

隊形: 円

1 音楽に合わせて動こう

円陣になり、手をつなぎます。『マイムマイム』の音楽に合わせて動きましょう。

> **ことばかけ**
> 「聴いたことのある歌が流れるよ。先生の合図に合わせて踊ろうね」

1 左→右の順に進む
左に8歩、右に8歩進みます。左右ともに、最後の拍ではジャンプして着地をします。

2 中央に集まる
中央に向かって8歩進み、最後の拍で「ヘイ！」とかけ声をかけます。

3 後ろに下がって広がる
中央から後ろに8歩進みます。最後の拍で「ヘイ！」とかけ声をかけます。

4 左に4歩進む
左に4歩進みます。

5 8歩でひと回り
8歩でひと回りします。最後の拍で手を1回たたきます。

6 8歩で反対回り
5とは反対の方向に、8歩で回ります。最後の拍で手を1回たたきます。1〜6を繰り返します。

> **Point 子ども向けにやさしいアレンジ**
> よく知られた『マイムマイム』の動きとは異なります。子どもがフレーズをよく感じとれるよう、動きを簡単にしています。

マイムマイム 作曲／イマヌエル・プガチョフ・アミラン

※ 188ページに続く

手と足を連動してみよう

5歳 難易度 ★★☆

ビート（拍） / 拍子

手と足の動きを調和させる活動です。体の動きを調和することで、心の開放を促しましょう。

ねらい
- 音楽を聴きながらリズミカルに身体を動かす
- 手と足の動きを調和するセンスを育む

遊びの進め方

導入

ことばかけ
「先生のまねをして動くよ。どんどん変わっていくからね」

保育者のリズムをまねよう

保育者は、リズミカルに膝をたたいたり、手をたたいたり、揺れたりします。音楽は使わず、体をいっぱいに動かしましょう。

- 膝をたたく ♩ ♩ ♩ ♩ ～
- 手をたたく ♫ ♫ ～
- 揺れる ♩ ♩ ♩ ～

1. リズム唱をしよう
2. 違う動きをしよう
3. 歩きながら手をたたこう
4. なじみのある歌でやってみよう

基本の動き

隊形：保育者を中心に子どもたちが半円状に並ぶ

1 リズム唱をしよう

動作と一緒にリズム唱を行います。膝をたたく（♩）＝ター、手をたたく（♫）＝ティティ、揺れる（♩.）＝ターアン　など。

ことばかけ
「動くだけじゃなくて、言葉もまねして唱えてね」

2 違う動きをしよう

保育者が膝をたたいているとき（ターター）、子どもは違う動きをします（手をティティティティとたたく、またはターアンと揺れる）。

ことばかけ
「先生と違う動きをするよ。つられて同じ動きにならないようにね」

190

3 歩きながら手をたたこう

手と足を別々のリズムで動かします。はじめは、ター（♩）のリズムで歩きながら、ティティ（♫）のリズムで手をたたきましょう。他のリズムでも自由に組み合わせてみましょう。

> **ことばかけ**
> 「手と足を違うリズムで動かすよ。音楽をよく聴こう」

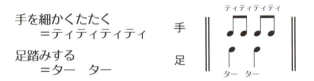

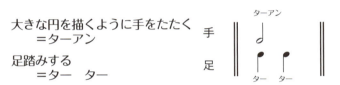

※ 2 3 のときは、動きを自由に組み合わせてみましょう

4 なじみのある歌でやってみよう

3 の遊びを、子どもたちがよく知っている歌でやってみましょう。

例）ぶんぶんぶん（作詞／村野四郎　ボヘミア民謡）
→70ページ参照
きらきら星（フランス民謡）→201ページ参照

5歳 こいぬのBINGO

難易度 ★★☆

- ビート（拍）
- ダイナミクスとテンポ
- リズム・パターン

ビートのアクセントを感じながら動きます。友達の動きを見ることでコミュニケーション力も高まります。

用意するもの
・フープ

ねらい
- ビートとアクセントを感じる
- コミュニケーションを楽しむ

[曲名　こいぬのBINGO　訳詩／志摩　桂　アメリカ民謡]

遊びの進め方

導入

ことばかけ
「動物が出てくる歌をあげてごらん」

動物が出てくる歌を歌おう
『ぞうさん』や『アイアイ』『パンダうさぎコアラ』『いぬのおまわりさん』など、動物が登場する歌を歌いましょう。

1. 体を上下させよう
2. BINGOで手をたたこう
3. 5人で順番にジャンプ
4. フープに入ってポーズ

基本の動き

隊形
保育者

1 体を上下させよう

『こいぬのBINGO』を聴きながら、音楽のビートに合わせて膝を軽く屈伸させましょう。立っていても座っていてもOK。

> ことばかけ
> 「歌に合わせて、膝でビートをとろう」

> Point はじめて歌を聴くときは
> 保育者が歌って聴かせましょう。ビートを感じやすいよう膝を軽く屈伸しながら歌うと、子どももまねしやすくなります。

2 BINGOで手をたたこう

1～5番まで繰り返し歌いながら、「BINGO」のところ（×）で手をたたきます。

> ことばかけ
> 「はじめはBのところでたたくよ」

手をたたく

	↓				
1番…	⊗	I	N	G	O
2番…	×	×	N	G	O
3番…	×	×	×	G	O
4番…	×	×	×	×	O
5番…	×	×	×	×	×

｝歌う

> アレンジ
> ### 手をたたく代わりに
> 「BINGO」のところで手をたたく代わりに、相づちのようなジェスチャーをしましょう。そのとき、歌わずに行うと音のない瞬間を楽しむことができます。

3 5人で順番にジャンプ

5人で1列になって、B−I−N−G−Oのそれぞれのアルファベットを分担します。歌いながら、自分のアルファベットでジャンプします。着地の瞬間が音楽と合うようにしましょう。

> ことばかけ
> 「BINGOのどれかになって、自分の番がきたらジャンプだよ」

> アレンジ
> ### アルファベットを変えて
> 担当するアルファベットを交替して遊びます。順番を変えながら、繰り返し遊ぶと楽しいです。

4 フープに入ってポーズ

「♪ビンゴ ビンゴ しってるかい こいぬのなまえはビンゴ」のところで5つのフープのうちのどれかに入ります。3と同じように遊び、最後の「♪かわいいね」ではかわいいポーズをします。

> ことばかけ
> 「かわいいポーズ、どんなのがあるかな？」

> アレンジ
> ### BINGOではいポーズ
> 「BINGO」のアルファベットのところにきたら、ジャンプするのではなく、好きなポーズをとりましょう。

5歳 おしゃべりなアヒルと友達探そう

難易度 ★★☆

- リズム・パターン
- フレーズ
- 形式

「友達探し」をテーマにしたかわいい遊び歌です。アヒルさんになって、友達を探しにでかけましょう。

ねらい
- リズミカルな音楽に合わせて身体を動かす
- フレーズを感じる

[曲名　おしゃべりなアヒル　作詞・作曲／成田和夫　編曲／たなかなた]

遊びの進め方

導入

交互に歌うことを楽しんで

保育者が『おしゃべりなアヒル』を歌います。子どもたちは体を揺らしながら聴きます。

慣れてきたら、保育者が歌い、子どもたちは「グァグァグァ」のところだけを歌います。体を左右に揺らしてリズムをとりましょう。

保育者「おいけのまわりでアヒルが」
子ども「グァグァグァ」
保育者「ともだちよんでアヒルが」
子ども「グァグァグァ」…

ことばかけ
「歌を聴いて体を動かすよ」

1. 歌に合わせて動こう
2. 手づくり楽器でアヒルの声を奏でよう

基本の動き

1 歌に合わせて動こう

『おしゃべりなアヒル』の歌に合わせて動きましょう。
2、3番も同様にします。

> **ことばかけ**
> 「アヒルさんが友達を探しに出かけるよ」

1 おいけのまわりでアヒルが
保育者が歌います。

2 グァグァグァ
両手をくちばしに見立てて口元で上下に動かします。

3 ともだちよんでアヒルが
保育者が歌います。

4 グァグァグァ
2と同様にします。

5 グァグァグァグァ
2と同様にします。

6 パパパパ
両腕をアヒルの羽に見立てて上下に動かし、開いたり閉じたりします。

7 グァグァパパ
5と6を繰り返します。

8 フリッフリッフリッ
おしりを左右に振ります。

> **Point** 速度に注意しながら
> 遊びが盛り上がると、だんだんテンポが速くなりがちです。言葉のフレーズを大切にするために、保育者はテンポを調節しましょう。伴奏は軽やかに弾くことを心がけましょう。

9 グァグァグァグァ パパパパ グァグァパパ フリッフリッフリッ
5〜8を繰り返します。

おしゃべりなアヒル　作詞・作曲／成田和夫　編曲／たなかなた

＊音源は3回繰り返しています。

2　手づくり楽器でアヒルの声を奏でよう

① 紙コップを用意し、糸電話の要領でつくります。つまようじで底に穴を開けた紙コップの中にたこ糸を通して、短く切ったストローにたこ糸を結んで留めます。

用意するもの
・紙コップ、たこ糸、ストロー、ティッシュペーパー

② 濡らしたティッシュペーパーを持って、タコ糸をなぞります。アヒルの声のような音が出たら、歌を歌いながら、自由に奏でてみましょう。

5歳

難易度 ★★★

ダイナミクスとテンポ
拍子
フレーズ

2拍子3拍子4拍子

拍の流れに等間隔でアクセントが生じ、拍子が生まれます。言葉を唱えながら、拍子の変化を感じましょう。【あ】

ねらい
- 拍子の違いを識別する
- リズミカルな音楽に合わせて身体を動かす

用意するもの
- ロープ
- ボード（厚紙や段ボールを正方形に切ったもの）

曲名：きらきら星　フランス民謡

遊びの進め方

導入

ジャンケン遊びをしよう

2人組になってジャンケンをします。勝った言葉の数だけ前に進みます。ゴールに先に到着した人の勝ちです。
- グー…グミ（2歩）
- チョキ…チョコレイト（6歩）
- パー…パイナツプル（6歩）

| グミ | チヨコレイト | パイナツプル |

ことばかけ
「ジャンケンして、勝った人は前に進めるよ」

1. 「ネコ」と唱えながらステップ
2. 「コネコ」と唱えながらステップ
3. 「マゴネコ」と唱えながらステップ
4. 音楽を聴き分けてステップしよう
5. 2人組でたたこう

基本の動き

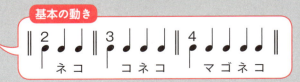

1 「ネコ」と唱えながらステップ

ロープを床に置いて、その横に立ちます。『きらきら星』の音楽に合わせて、「ネ」でロープをまたいで、「コ」で両足をそろえます。同じく「ネ」「コ」と唱えながら、反対側にロープをまたいで、両足をそろえます。繰り返しましょう。

ことばかけ
「ロープをまたぎながら "ネ" "コ" と言ってみましょう」

Point　アナクルーシスとは？
"緊張"の高まりを表す「アナクルーシス」。左の活動の場合、ロープをまたぐ前の体を持ち上げる動きを指します。意識して行いましょう。

弾き方のコツ
拍のまとまりを感じられるように
「ネ」「コ」の2つの拍のまとまりを感じられるように弾きましょう。

次は反対にまたぐ

きらきら星　フランス民謡

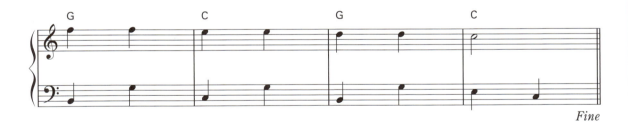
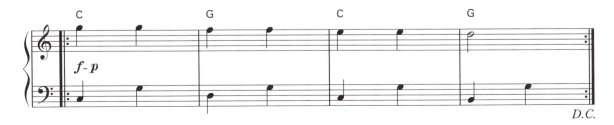

＊音源は4の活動に合わせて、2拍子－3拍子－4拍子をミックスしています。

2 「コネコ」と唱えながらステップ

ことばかけ:「ネコの次は、コネコでステップするよ」

1と同じようにロープの横に立ちます。「コ」でロープをまたいで、「ネ」で両足をそろえ、「コ」で1回足踏みをします。反対側も繰り返します。ロープをまたぐ前の動き（アナクルーシス）に注意しましょう。

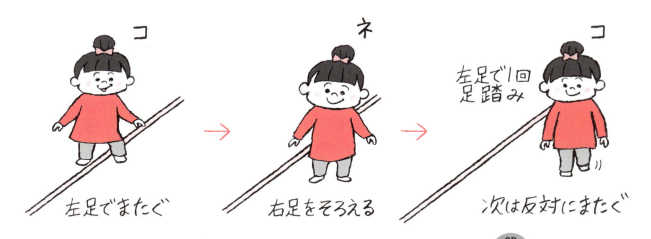

3 「マゴネコ」と唱えながらステップ

「マ」でロープをまたいで「ゴネコ」と3回足踏みします。次に、「マ」で反対側にロープをまたいで「ゴネコ」と3回足踏みします。

ことばかけ
「コネコの子どもはなんていうか知ってる？」

4 音楽を聴き分けてステップしよう

保育者は 1～3 の音楽を適宜変えながら弾きます。子どもは音楽を聴き分けて、「ネコ」「コネコ」「マゴネコ」を足踏みします。

> **ことばかけ**
> 「先生がこれから弾く音楽は"ネコ"？"コネコ"それとも"マゴネコ"？」

> **アレンジ**
>
> ### 単語探しをしよう
> 単語の文字の数に応じて、2つ、3つ、4つそれぞれでできている単語を子どもたちと探してみましょう。
> 例）ウマ、コウマ、シマウマ
> 　　シカ、アシカ、アザラシ
> 　　モモ、リンゴ、パパイヤ
> 　　アカ、ミドリ、キミドリ
> 　　クツ、カバン、ハンカチ

5 2人組でたたこう

2人組になります。2拍子の場合は1人がボード（厚紙や段ボールを正方形に切ったもの）を1枚持ったまま、1拍目でポーズをします。もう1人が2拍目でボードをたたきます。3拍子、4拍子も引き続き、もう1人が残りの拍をたたきます。

> **ことばかけ**
> 「音楽をよーく聴いてね。2人で役割分担しよう」

1拍目

2拍子なら →

2拍目　トン

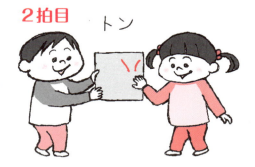

↓ 3拍子なら

2・3拍目　トントン

> **アレンジ**
>
> ### 途中でスキップを加えて
> 音楽をよく聴いて2人で動けるようになったら、途中でスキップを加えてもよいでしょう。解放感を味わうことができます。

5歳 ピコロミニ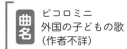

難易度 ★★★

- ダイナミクスとテンポ
- 拍子
- フレーズ

3拍子の揺れを感じながら、言葉遊びをします。ターナリー（ternary）のリズムに親しみましょう。

※ binary は1拍を2分割した音楽。それに対して、ternary は1拍を3分割した揺れるように感じられる音楽のことを指します。

ねらい
- ターナリーの拍子に親しむ
- リズミカルな揺れを感じながら、言葉遊びを楽しむ

[曲名 ピコロミニ　外国の子どもの歌（作者不詳）]

遊びの進め方

導入

ことばかけ「先生がいろいろな言葉で歌うよ。みんなは揺れてみよう」

揺れながら歌を聴こう

『ピコロミニ』の音楽を保育者が歌います。このとき歌詞はすべて「ラララ…」で歌います。子どもたちは保育者の歌に合わせて体を揺らしましょう。

保育者は歌詞を「トトト…」や「ダバダバ…」「ニニニニ…」など意味のない言葉で歌います。

子どもたちが旋律に慣れてきたら、揺れながら一緒に「ラララ…」で歌ってみましょう。

1. 音楽に合わせて揺れよう
2. 指の名前は「ピ・コ・ロ・ミ・ニ」
3. 5文字の言葉で歌ってみよう

基本の動き／揺れる

隊形／保育者

1 音楽に合わせて揺れよう

保育者は、『ピコロミニ』を歌いながら、左右に揺れます（スイング）。子どもたちもまねします。

> **ことばかけ**
> 「先生が歌うよ。音楽に合わせて体を揺らそう」

> **弾き方のコツ**
>
> **スイングしやすく**
> 1小節を2拍に感じられるように弾きましょう。ゆったりと揺れる感じに慣れることが大切です。

2 指の名前は「ピ・コ・ロ・ミ・ニ」

保育者は、片手を出して、もう一方の手で指差します。
お父さん指＝ピ
お母さん指＝コ
お兄さん指＝ロ
お姉さん指＝ミ
赤ちゃん指＝ニ
指を差しながら、音楽に合わせて歌いましょう。言葉と指差しが対応します。

> **ことばかけ**
> 「指に名前がついているよ。（指を差しながら）ピ・コ・ロ・ミ・ニ」

> **Point　音楽の揺れる感じを保って**
> 左右に揺れながら、指を差して歌います。音楽の揺れる感じが失われないようにしましょう。

3 5文字の言葉で歌ってみよう

5つのシラブルでできている言葉を探します。
例）ランドセル、カタツムリ、さくらもち　など。
その言葉を歌詞にして歌ってみましょう。

弾き方のコツ

左手を大切に！
右手のメロディーに気をとられすぎないよう、左手の
ビート（揺れ）を失わないように弾くことが大切です。

ことばかけ
「5つの文字でできている言葉を探そう」

ピコロミニ　外国の子どもの歌（作者不詳）

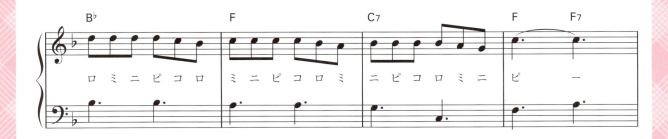

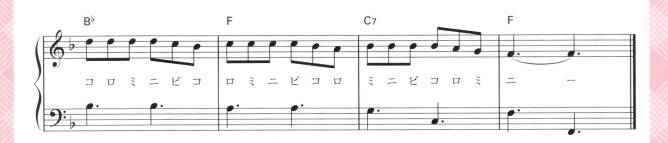

5歳 オスティナートで遊ぼう

難易度 ★★★

CD 28　CD 29

ダイナミクスとテンポ
ソルフェージュ

オスティナートとは、同じリズムや旋律の断片を繰り返し奏でることです。旋律の断片を用いて遊びましょう。

ねらい
● 旋律を聴き分けて楽しむ

用意するもの
・楽器（木琴・鍵盤ハーモニカ）

遊びの進め方

導入

ことばかけ
「先生が弾く音楽に合わせて体を動かしてみよう」

音楽に合わせて体を動かそう

これまでに用いた ♩／♫／♩ の音楽に合わせて体を動かしましょう。音楽に合わせて歩いたり（♩）、走ったり（♫）、揺れたり（♩）しましょう。192ページの音楽などを用いてみましょう。

音楽が変わったら、すぐに動きも変えます。これまでに取り組んだリトミックの動きをやってみましょう。

1. 歌いながら膝をなでよう
2. ハンドサインをしながら歌おう
3. 楽器で演奏してみよう

基本の動き

ミ　レ　ド

1 歌いながら膝をなでよう

両膝を手のひらでなでながら、「ドドドド〜」と歌いましょう。動きと声を重ねると楽しいです。

アレンジ

スタッカートで歌ってみよう

膝を指でツンツンしながら、「ドドドド〜」と歌います。スタッカートやレガートで歌うなどして、ニュアンスの違いを味わいましょう。

ことばかけ
「ドードーと言いながら、膝を前後になでてみよう」

2 ハンドサインをしながら歌おう

音楽に合わせて、「ミレド」をハンドサインをしながら歌います。

> ことばかけ
> 「ミはお腹、レは腰、ドは膝を触ってね」

Point オスティナートで楽しもう
オスティナートとは、同じリズム型や旋律を繰り返して奏でることです。リズムや旋律の断片を反復するオスティナートの活動を通して、子どもは楽しく音楽参加できるでしょう。

Point ハンドサインとは？
音階を示す動きのことです。体の部位を押さえながら、音階を歌います。音階の順序性や音高の違いを識別する力を獲得するための方法です。

ミ…お腹に両手を置く

レ…両手を腰に当てる

ド…膝に両手を置く

3 楽器で演奏してみよう

木琴や鍵盤ハーモニカで「ミレド」を弾きましょう。

> ことばかけ
> 「次は楽器でミレドを演奏してみよう」

Point 木琴のたたき方
木琴のバチは、短めに持つようにします。子どもはバチを押し付けるようにしてたたくことが多いのですが、跳ね上げるような動きでたたくように声をかけましょう。

弾き方のコツ

ハンドサインの動きを確認しながら

速くなりすぎないように、ゆっくりでもリズミカルに弾きます。集中力が続かなそうなときは、弱めに弾いてみましょう。子どもは耳をそばだてて聴くようになります。

5歳 ボールコロコロ CD 30

難易度 ★★★

ビート（拍）
リズム・パターン

リズムの違いを聴き分けて、ボールを転がします。動作を置き換えることで集中力と注意力が身に付きます。【あ】

ねらい
- 即時反応を楽しむ
- リズムの違いを識別する

用意するもの
・ボール

遊びの進め方

導入

ボール転がしの練習
2～3人で、ボール転がしの練習をしましょう。「コロコロ・ポン」と唱えながら転がします。「ポン」のところでキャッチします。

ことばかけ
「コロコロしたら、ポンでキャッチしてね」

1 音楽に合わせてボールを転がそう
2 音楽を聴いて答えよう

基本の動き

隊形　●保育者　子ども

1 音楽に合わせてボールを転がそう

> **ことばかけ**
> 「まずは床にボールをタッチするよ」

5人ぐらいで輪になって座ります。

1 ターターみぎ

「ターター」でボールを床に2回タッチします。「みぎ」で右の子にボールを転がします。

2 ティティティティひだり

「ティティティティ」でボールを床に4回タッチします。「ひだり」で左の子にボールを転がします。

弾き方のコツ

音の違いがはっきりとわかるように

「♩♩（ターター）」「♫♫（ティティティティ）」は軽く弾むような感じで、「♩（ターン）」はレガートな感じで弾きましょう。

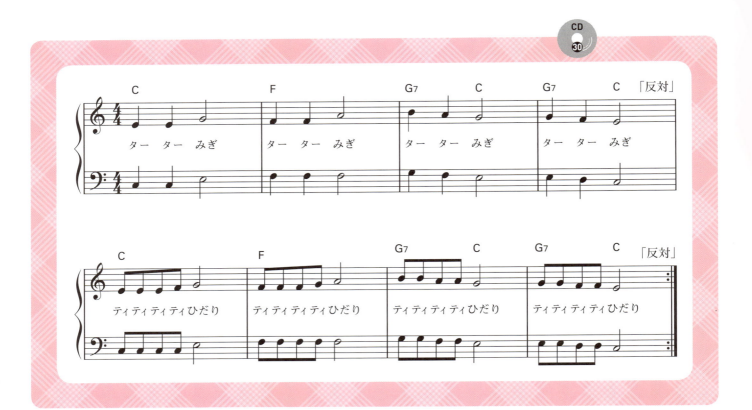

2 音楽を聴いて答えよう

歌わずに、ピアノの音だけで行います。「タータ―みぎ」「ティティティティひだり」のどちらが聴こえてくるか集中してチャレンジしてみましょう。

ことばかけ
「ボールはどっちに転がす？ 右かな？ 左かな？ ピアノの音をよく聴いてね」

Point 子どもの反応を確認しながら
子どもが音楽に耳をそばだてて聴いているか、子どもの反応を観察しながら弾きましょう。成功体験を味わえるよい機会に。

5歳 ハンドサインで遊ぼう

難易度 ★★★

ニュアンス
ソルフェージュ

CD 31　CD 32　CD 33

ハンドサイン（音階を示す動き）を通じて、動きの楽しさとともに音階に親しみましょう。

ねらい
- 音階に親しむ
- 音の違いを識別する

遊びの進め方

導入

ことばかけ
「ドレミファソラシドを歌うよ」

ドからドまで歌おう

ドからドまで1オクターブを歌いましょう。（216ページの楽譜を参照）

↓

上がったり下がったり、テンポを速くしたり、遅くしたりしながら歌います。

1. ハンドサインで歌おう
2. ハンドサインで答えよう
3. スキップしたら音を聴こう

基本の動き

ド　レ　ミ　ファ　ソ　ラ　シ　ド

1 ハンドサインで歌おう

ドからドまで歌います。ハンドサインを通じて、音階になじみましょう。慣れたら、217ページの音楽でも行いましょう。

> **ことばかけ**
> 「ドはこのポーズ。ハンドサインて言うんだよ」

1 ド 膝に両手を置きます。

2 レ 両手を腰に当てます。

3 ミ お腹に両手を置きます。

4 ファ 両手を胸の前で交差します。

5 ソ 両手を肩に置きます。

6 ラ 両手を横に伸ばします。

7 シ 両手を耳に当てます。

8 ド 両手を頭の上に置きます。「ドシラソ…」も同様にします。

2 ハンドサインで答えよう

保育者は、短い旋律を弾きます。子どもは後に続いて、ハンドサインをしながら歌います。

弾き方の**コツ**

旋律が浮き立つように
音がはっきりと識別できるよう、旋律が浮き立つように弾きましょう。強弱を意識することも大切です。

ことばかけ
「先生が弾く音をハンドサインでやってみよう」

アレンジ

まずは保育者が動きを見せて
活動が難しい場合は、まず保育者の手の動き（＝旋律）を見て、後からみんなと一緒に動きながら歌いましょう。

＊音源はP219「スキップ」－「止まって聴く」－「歌＋ハンドサイン」－「スキップ」の後に、P218★－♥を入れています。

3 スキップしたら音を聴こう

音楽に合わせてスキップをします。保育者は軽やかに、跳ねるように弾きます。8小節目まで弾いたら、少し間をおきます。音楽が止まったら、子どもは立ち止まってピアノを聴きます。旋律を聴いたらハンドサインをしながら歌いましょう。

> **ことばかけ**
> 「思い切りスキップするよ。音楽が止まったら、次の音楽をしっかり聴いてね」

> **Point　音に注目しているかどうか**
> 8小節目で音楽を止めたら、子どもたちがすぐに止まっているかを観察します。子どもがきちんと音を聴こうとしているかどうかが大切です。

※聴こえたとおりのハンドサインを順に行います。

※8小節目まで同様に弾きます

5歳 和音の違いを聴き分けよう

難易度 ★★★

ニュアンス
ソルフェージュ

CD 34

和音の違いを聴き分けて、体を動かしてみましょう。動きの変化を楽しみながら行うことが大切です。

ねらい
- 和音を識別する
- 音の違いによって動きを変える

遊びの進め方

導入

ことばかけ
「この音楽はどんなときに聴いたことがあるかな？」

3拍子の音楽を楽しむ

『ぞうさん』『ありさんのおはなし』など、なじみのある3拍子の音楽に合わせて体を左右に揺らします。音楽が止まったら、動きも止めます。

1. 和音の歌を歌おう
2. 歌の最後にポーズ！
3. 途中でスキップしよう

基本の動き

I　IV　V

※221ページ参照

1 和音の歌を歌おう

和音の歌を歌います。自由に順番を入れ替えて歌ってもよいです。

> **Point** 和音の印象の違いを動きで表現しよう
>
> 以下のことを意識しながら、和音の印象の違いを聴き分けましょう。
> ・Ⅰは主和音で安定感のある和音
> ・Ⅳは下属和音で広がりのある自由な感じの和音
> ・Ⅴは属和音でⅠ度の和音に戻りたいという印象の和音

ドミソ ドミソ ドー

※子どもがドミソを歌うのに慣れたら「いちのわおん」と歌ってみましょう（以下同様に）

＊音源は Ⅰ－Ⅳ－Ⅴ－Ⅰ

5歳　和音の違いを聴き分けよう

2 歌の最後にポーズ！

1の歌の3～4小節のところで、好きなポーズをします。Ⅰではいすに座る、Ⅳでは片足で立つ、Ⅴでは背伸びをする、など。

ことばかけ
「和音の歌の最後にポーズをするよ」

Point ポーズを考えてみよう
ポーズは、2、3人でグループになってそれぞれ考えると楽しいでしょう。そのとき、Ⅰの和音は安定感のある音、Ⅳは開放的、ⅤはⅠに戻りたいという感じがする音など、和音の特徴を伝えましょう。

3 途中でスキップしよう

ポーズが決まったら、子どもたちの緊張感を解放するために、途中でスキップを取り入れると効果的です。
スキップの後で、再び2を行いましょう。

ことばかけ
「途中でスキップをするよ。音楽をよく聴いてね」

言葉のアンサンブル

5歳
難易度 ★★★

ビート（拍）
リズム・パターン

言葉のアンサンブルを楽しみます。言葉の持つ特徴（リズム感、ダイナミクス、表情）を表現しましょう。

ねらい
- 言葉のアンサンブルを楽しむ
- リズムの拡大と縮小に親しむ

用意するもの
・楽器（ウインドチャイム）

遊びの進め方

導入

ことばかけ
「先生が先に歌うよ。後から同じように歌ってね」

エコー唱の歌を歌おう

『やまびこごっこ』（作詞／おうちやすゆき　作曲／若月明人）や『こぶたぬきつねこ』など、繰り返し言葉が楽しい歌を歌いましょう。

隊形
保育者
Ⓑ ● Ⓐ
　 Ⓒ
※各グループごとにかたまっていればよいです。

1. 3グループで唱えよう
2. 途中から雨が降ってきた！

基本の動き

おさんぽ	たのしいな	もくもく
おさんぽおさんぽ	たのしいな	もくもく
	たのしいな	

1 3グループで唱えよう

子どもたちは3つのグループ（ABC）に分かれます。散歩の様子を思い浮かべながら、楽譜に合わせて言葉を唱えます。

> **Point** リズムの変化を感じながら
> B→Aの順にはじまるため、Aの言葉はBの言葉よりも速く感じられます。これは「縮小（半減）」のリズムです。①のCパートは、ゆっくりな唱え言葉です。これは「拡大（倍加）」のリズムです。

ことばかけ
「3つのグループで言葉を唱えるタイミングが違うよ」

＼おさんぽ／

2 途中から雨が降ってきた！

雨が降ってくるシーンをイメージして、オノマトペを唱えます。体の動き（ジェスチャー）を一緒に行うとさらに効果的。できるところから動きを添えて唱えましょう。

ことばかけ
「雨が降ってくるよ。どんな雨かな」

アレンジ

手づくり楽器でもOK

この部分は、手づくり楽器（身の回りにあるもので生み出す音）で演奏してもOK。レジ袋を用意しましょう。

① 「もーくもく」＝レジ袋を口に当て「もーくもく」（楽器の「カズー」のように）と言います。
② 「雨の音」＝レジ袋を揉みます。
③ 「雷の音」＝レジ袋をパンッと引っ張ります。

◆ **監修者**

神原雅之（かんばら まさゆき）

広島県生まれ。特定非営利法人リトミック研究センター会長。エリザベト音楽大学非常勤講師。国立音楽大学教育音楽学科第Ⅱ類卒業、広島大学大学院学校教育研究科修了（教育学修士）。これまでに広島文教女子大学教授、同大学附属幼稚園園長補佐、広島大学非常勤講師、国立音楽大学教授（副学長）、京都女子大学教授などを歴任し、2020年から現職。近年は、『こどもちゃれんじ』（ベネッセコーポレーション）のリトミック監修も担当。広島音楽アカデミー顧問、日本ダルクローズ音楽教育学会会員、リトミック・オンライン・ジャーナル編集委員。著書は『幼児のための音楽教育』（教育芸術社）、『子どものためのリトミックde発表会』（明治図書）、『ピアノレッスンのためのリトミック』（カワイ出版）、ほか多数。

staff

カバー・本文デザイン／谷 由紀恵
カバーイラスト／わたなべちいこ
楽譜浄書／株式会社クラフトーン
本文DTP／有限会社ゼスト
イラスト／秋野純子、エダりつこ、野田節美、みさきゆい、やまざきかおり
撮影／矢部ひとみ
撮影協力／特定非営利活動法人リトミック研究センター教員養成東京校付属リトミック教室
　　　　　渡部紗織先生（リトミック研究センター本部研究室員）と生徒の皆様
レコーディング・ディレクター／坂元勇仁（ユージンプランニング）
レコーディング・エンジニア／今泉徳人（日本アコースティックレコーズ）
編集協力／株式会社スリーシーズン、齋藤のぞみ
編集担当／原　智宏（ナツメ出版企画株式会社）

◆ **執筆協力**　執筆担当は、各活動のタイトル下に【あ】【森】で記しています。

シニアリトミック"あんそれいゆ"

◇所在地：島根県　◇代表者：神田悦子
◇会員数：13名（2018年9月現在）
◇ 2016年11月「音楽による健康増進・介護予防」と「シニアリトミックの普及」を目的として発足。高齢者社会に向けての先駆的な取り組みとして、行政・社会福祉協議会・社会福祉事業団などの支援を受け、地域貢献の音楽活動を行っている。　…P96,121,182,200,212

森脇正恵（もりわき　まさえ）

岡山県生まれ、鳥取県米子市在住。ヤマハシステム講師及び、鳥取県立保育専門学院講師を経て、「PICCOT MUSIC SCHOOL」を開設し、ピアノ・エレクトーン・ドラム・リトミックの指導、実践を行っている。リトミック指導では、現在、保育園・幼稚園・中国上海・福建等の講師向け講座を行っている。　…P110,115,142,148,160,163

◆ **ピアノ奏者**

渡部紗織（わたべ　さおり）

国立音楽大学音楽教育学科リトミック専修卒業、岡本賞受賞。リトミックのほか、ピアノ講師、音楽学校受験指導、小学校音楽講師など様々な指導経験をもつ。リトミック研究センター本部研究室員、教員養成校講師、東京第二支局チーフ指導者、教員養成東京校付属リトミック教室講師。学校法人夏野学園杉並幼稚園リトミック講師。

CD付き　こころとからだを育む
1〜5歳のたのしいリトミック

2019年2月1日　初版発行
2025年3月10日　第12刷発行

監修者　神原雅之（かんばらまさゆき）
発行者　田村正隆
発行所　株式会社ナツメ社
　　　　東京都千代田区神田神保町1-52　ナツメ社ビル1F（〒101-0051）
　　　　電　話　03-3291-1257（代表）　FAX　03-3291-5761
　　　　振　替　00130-1-58661
制　作　ナツメ出版企画株式会社
　　　　東京都千代田区神田神保町1-52　ナツメ社ビル3F（〒101-0051）
　　　　電　話　03-3295-3921（代表）
印刷所　TOPPANクロレ株式会社

ナツメ社Webサイト
https://www.natsume.co.jp
書籍の最新情報（正誤情報を含む）はナツメ社Webサイトをご覧ください。

本書に関するお問い合わせは、書名・発行日・該当ページを明記の上、下記のいずれかの方法にてお送りください。電話でのお問い合わせはお受けしておりません。
・ナツメ社webサイトの問い合わせフォーム
　https://www.natsume.co.jp/contact
・FAX（03-3291-1305）
・郵送（左記、ナツメ出版企画株式会社宛て）
なお、回答までに日にちをいただく場合があります。正誤のお問い合わせ以外の書籍内容に関する解説・個別の相談は行っておりません。あらかじめご了承ください。

ISBN978-4-8163-6579-9　　Printed in Japan
＜定価はカバーに表示してあります＞＜落丁・乱丁本はお取り替えいたします＞
本書の一部または全部を、著作権法で定められている範囲を超え、ナツメ出版企画株式会社に無断で複写、複製、転載、データファイル化することを禁じます。
JASRAC 出 1814224-512
JASRAC R-18B0747OK